社長！「経理」がわからないと、あなたの会社つぶれますよ！

税理士 井ノ上陽一

ダイヤモンド社

はじめに

9割の社長が知らない「お金のカラクリ」

「経理なんてお金にならない」と、思ったことはありませんか？

残念ながら、それは間違いです。経理ほど、「会社の儲け」に貢献するものはありません。

「経理を知らない社長は、会社を潰す」。そう言い切っても過言ではありません。


本書を手にとっていただき、ありがとうございます。

税理士の井ノ上陽一と申します。

本書のタイトルは『社長！「経理」がわからないと、あなたの会社潰れますよ！』です。

このタイトルを見て、「おおげさな。そんなことで会社は潰れないよ」「経理なんて、経理のおばちゃん任せでいいよ」と思われた方も多いかと思います。

□経理とは、「経営管理」の略称である

そもそも「経理」とはどのような仕事だと思いますか？

この質問に即答できる方は少ないでしょう。
「経理＝会社の細かい数字を計算する部署」というイメージで考えている方がほとんどだと思います。

しかし、経理とは「経営管理」の略称であり、経営の舵とりを手助けするものです。
本書で詳しく解説させていただきますが、**経理とは、会社の「お金」「会計」「税金」のバランスをとるもの**だと考えて下さい。

だからこそ、タイトルにもある通り、経理を理解していない社長は、会社を潰します。

たとえ事業が儲かっていたとしても、その儲けは会計上の処理をした後、税金を納めなくてはいけません。経理がわからないということは、この会計と税金を無視することになります。そうならないためにも、経営管理の道具として、経理のカンドコロをご理解いただければと思っております。

□2万6000件の倒産理由、それは…

ここに1つのデータがあります。中小企業の経営をサポートする財団法人企業共済協会の「企業倒産調査年報」のデータです。

2007〜2016年の10年間の倒産実態を調べてみると、**「放漫経営」「既往のシワ寄せ」「過少資本」「売掛金回収難」**によるものが、何と約2万6000件にも及びます。

あまり聞き慣れないフレーズかと思いますが、「放漫経営」とは、経営者が会社を運営・管理する能力がない、あるいは会社を私物化するなどを指します。

そして「既往のシワ寄せ」とは、例えば、業績悪化が危機的レベルにあるにもかかわらず、会社の数値を理解していないため、施策が遅れ、倒産する、といったイメージです。

もうおわかりいただけたかと思いますが、こうした倒産理由は、**「経理（経営管理）」がしっかりしていないために引き起こされるもの**です。

もちろん、倒産理由にはモノが売れないことに起因する「販売不振」などもあります。しかしそれ以前に、自滅のような形で倒産する会社が、非常に多いことも1つの事実なのです。

□会社を守ることは、社長を守ることにつながる

経理を理解することは、「会社を守る」以上の大きなメリットがあります。

それは「社長を守る」ということです。

もし、会社のお金がなくなって倒産した場合のことを考えてみて下さい。
極端な話、会社が倒産しても、社員は別の会社を探せばすみます。しかし、社長は会社の借入金の個人保証をしていることもありますし、別の会社を探すことは難しいでしょう。倒産したときのリスクが格段に大きいのです。

□経理は、会社の「守り」を支えるもの

ご紹介が遅れましたが、私は、ＩＴスキルを駆使した図解化や、経理業務の効率化を得意とする税理士です。その傍ら、「経理＆会計のためのExcelセミナー」「会計ソフト×Excelセミナー」などを開催し、経理・会計に悩む中小企業の方々をサポートさせていただいております。

これまで1000人を超える経営者の方とお会いしてきましたが、**経理を理解している社長、経理を経営の意思決定に活用している社長の会社は例外なく儲かっています。**営業やビジネスモデルの構築が経営の「攻め」だとすれば、経理は「守り」です。やはり、「攻め」だけでは、会社は10年続きません。

会社の「守り」をしっかり固める

26,000件の倒産！ その理由は…

| 放漫経営 | 既往のシワ寄せ | 過少資本 | 売掛金回収難 |

経理（経営管理）がしっかりしていないため！

そうならないためには

攻め

経営
- 営業
- ビジネスモデルの構築

守り

経理（経営管理）
- お金
- 会計
- 税金

「攻め」だけではなく、
「守り」もしっかり固める！

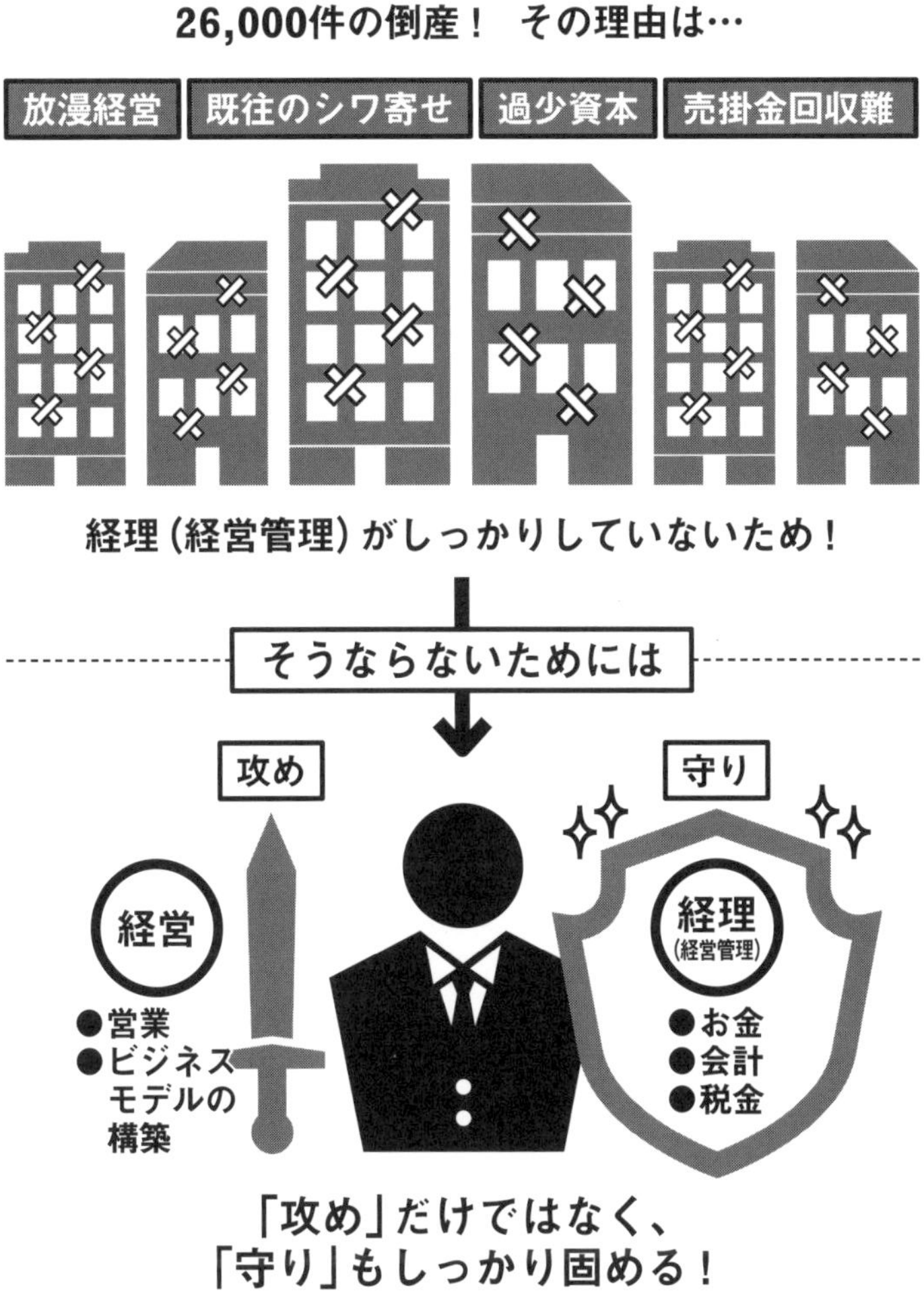

□本書の構成

本書、『社長！「経理」がわからないと、あなたの会社潰れますよ！』の構成は、

【序章　9割の社長が知らない「経理」の真実】

会社の守りを支える「経理」。経営者として、絶対に知っておくべきポイントをまとめました。

【第1章　会社経営を支える「3つのシステム」】

会社経営を支える3つのシステムである**「お金」「会計」「税金」**。このしくみを意識するだけで、会社は劇的に変わります。

【第2章　これでわかった！「決算書のしくみ」】

B／SとP／Lに集中して、決算書を一瞬で理解するコツをお教えします。

【第3章　できる社長は、「数字」をこう見る！】

毎月の数字をどう管理すべきか。**経営分析の基本**がしっかり身につきます。

【第4章　誰も教えてくれなかった「会社のお金の守り方」】

攻めるだけでは、会社は10年続きません。**会社にお金を残す**ために、「資金繰り」「人件費」「金融機関対策」などをお伝えいたします。

【第5章　「税金のおトクな話」、教えます！】

会社経営と税金は切っても切れない関係です。**税金の基本**を押さえて下さい。

【第6章　「お金の流れがざっくりわかるシート」を使ってみよう！】

私が作成したオリジナルシートのご紹介です。経営判断に必要な**「お金」「会計」「税金」が1枚シートでつかめます。**

このように、経営判断に必要な情報を厳選しました。繰り返しになりますが、経理は、会社の「守り」です。この「守り」には、特別な技術や工夫がほとんど必要ありません。**重要なのは「知識として知っているかどうか」**のみです。ぜひ本書をご活用下さい。

本書は、現役の経営者の方はもちろんのこと、「今後起業を考えている」「将来的に社長になる」といった方々にも、大きな力になるかと思います。本書を参考に、「経理を経営に活かす会社」が1社でも増えることを、心から願っております。

目次

社長！「経理」がわからないと、あなたの会社潰れますよ！

序章　9割の社長が知らない「経理」の真実

Contents

第3章 できる社長は、「数字」をこう見る！

Keyword

経営分析

Contents

第4章

誰も教えてくれなかった「会社のお金の守り方」

Keyword

お金と会計

第5章 「税金のおトクな話」、教えます！

Keyword

お金と税金

第6章 「お金の流れがざっくりわかるシート」を使ってみよう！

※本書の内容は、2012年12月末日現在の法令にもとづいています。

●カバーデザイン／吉村朋子
●本文デザイン／斎藤　充（クロロス）

Contents

序章

9割の社長が知らない「経理」の真実

01 「経理がわからない」と、会社は潰れる！

□経理は「経営管理」であることを忘れない

経営に欠かせない経理業務。あなたの会社では、誰が管理していますか。

「経理なんて、利益を生まない」
「会計・税金のことはプロにお任せ」
「利益さえ出ていれば、何も問題ない」

と、このように考えていませんか。確かにそのお気持ちはわかります。
しかし、経理は単なる作業ではありません。経理は「経営管理」の略称であり、貴重な財産を生み出すものです。業務を分担することはあっても、丸ごと人任せにしてはいけません。経理がわからないと、大事な会社のお金を守ることができなくなり、会社の倒産につながります。

ここで質問ですが、次のようなことに心あたりはありませんか？

・自分の会社なのに、実はわからない部分があって不安
・決算書の本、簿記の本を読んだが、自分の会社にどう当てはめるかがわからない
・いくら税金がかかるか不安。急に支払うように言われてストレスがたまる
・売上は上がってきているのに、なぜかお金が足りない
・経理担当者が遅くまで残っているけど、何をやっているかよくわからない
・今さら「知らない」なんて言えず、経理担当者に聞くにきけない
・うちの会社、ちゃんと節税ができているんだろうか
・B／S（貸借対照表）がなぜ存在するのかわからない。大事らしいんだけど
・ある日、会社のお金が急に不足して、自腹で準備しなければいけなくなった
・金融機関に借入の申し込みをしたが、会社の状況をうまく説明できず、融資が下りなかった

もし1つでも当てはまるものがあれば、その原因は「経理がわかっていないから」に尽きます。本書を通して、こうした不安を解消していきましょう。

「経理がわからない」、その大きな代償

✕ 自分の会社なのに、実はわからない部分がある

✕ とんでもないミスが税務調査で見つかり、多額の罰金を支払う

節税の観念がなく、多額の税金を支払っていた

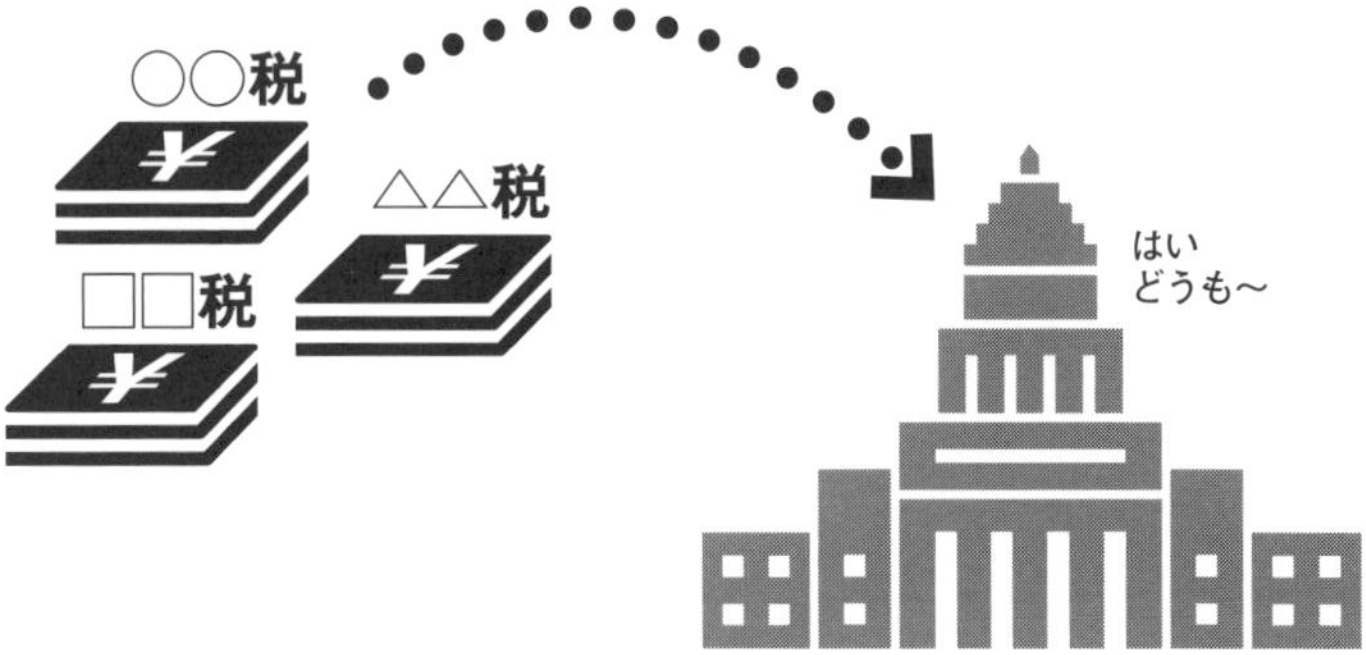

ある日、お金が急になくなる

02 経理の仕事はブラックボックス化しやすい

□あなたの会社は大丈夫？

ここで質問です。「経理」とはどんな仕事なのでしょうか。また、どんな仕事をしなければいけないのでしょうか。「ブラックボックス化」しがちな経理の実態に踏み込んでいきます。

□経理担当者の仕事は、3ステップに分かれる

経理担当者の仕事には、次の3つのステップがあります。

1つ目は「記録する」。

現金や預金など、会社のお金の出入りを記録するものです。具体的には、レシートや預金通帳などをもとに、会計ソフトにデータを入力します。これは法律にも定められている業務です。この結果、決算書ができ上がります。経理の一番の仕事は、決算書を作ること

だと考えて下さい。

2つ目は「分析する」。

記録した数字（決算書）を分析します。何か異常値はないか、もっと詳しく調べたほうがいいものはないか、現場に確認したほうがいいものはないかをチェックする過程です。お金の動きを記録するだけでは意味がありません。この過程が必要なのです。

3つ目は「助言する」。

お金の動きを記録して、分析した結果をもとに、社長や経営陣に助言し、経営の意思決定の材料とすることで、経理の仕事が完結します。

□なぜ、「分析」「助言」ができないのか？

あなたの会社の経理担当者は、３つ目まで完了しているでしょうか。ほとんどの場合、１つ目のステップ、「記録する」で終わっているのです。その理由は４つあります。

①経理で必要な簿記では、**「記録する」ことしか習いません。**その延長上で仕事をしていると、それ以降に目がいかないのです。それゆえ、「記録する」までで終わっているケースが多くあります。

②「分析する」「助言する」をやりたくても、「記録する」ことで精一杯な場合も多くあります。経理の流れが複雑であったり、手間をかけ過ぎていたりする場合は、「記録する」

こともままなりません。

③経理担当者には、コミュニケーションを苦手とする方が多い印象を受けます。「記録する」「分析する」といった研究職的な仕事は好きでも、積極的に発言する「助言する」を好まないタイプの方をよく見かけます。

④決算書を作り、税金を計算するだけなら、「記録する」までで十分なのです。**「分析」や「助言」は会社のためにやることであって、税金の計算には必要ありません。**そのため、「記録する」で終わっているケースが多いのです。

□会社（社長）にもやるべきことがある

あなたの会社の経理担当者は、ＰＣに向かって作業していることが多いでしょうか。それとも、積極的に動きまわって社員に話しかけているでしょうか。

社長は「助言」をもらっているでしょうか。

もちろん経理には、黙々と作業をしなければいけない場面もありますが、その作業が完了してから、つまり、「記録」が終わってからが経理の本当の仕事といえるのです。

ただ、「助言」をもらうには、経理担当者と積極的にコミュニケーションをとること、そして、社長にもある程度の経理の知識が必要となります。本書を通じて、数字の知識、お金の流れを把握しておきましょう。

経理担当者がやるべき3つの仕事

① 会社のお金の出入りを記録し、決算書を作る

ほとんどの
経理は
ここまで
しかやって
いない！
記録
決算書

② 記録した数字を分析し、異常値などを調べる

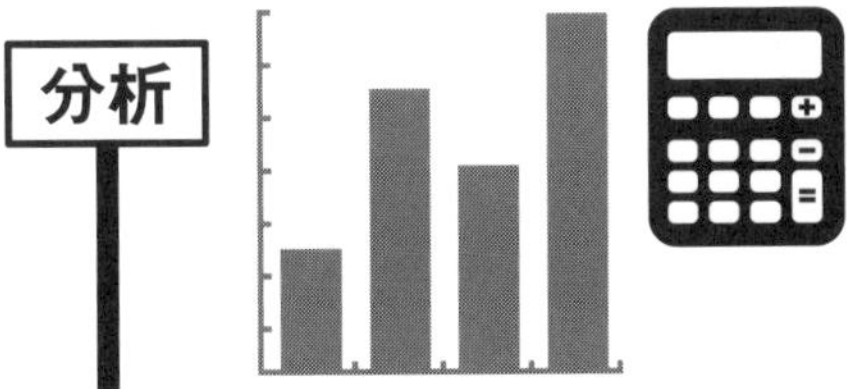
分析

③ 分析の結果を社長や経営陣に報告

助言

03

経理に対する「3つの誤解」

□経理担当者は万能ではない

経理担当者は「何でもできる数字のプロ」というイメージですが、必ずしもそうではありません。しかし多くの経営者の方は、

「自分が理解できない分野の仕事をしている」
「数字は難しそうだし、面倒なことは任せた」

と考えて、それだけで万能だと思ってしまいます。

しかし、経理担当者は決して万能ではありません。**「決算書が読めない、わからない」と多くの経営者の方が悩むように、経理担当者にも苦手分野がある**のです。例えば専門分野の会計に関しても、次のような知識を身につけていないことが多々あります。

・経営分析：会社の数字から、経営を判断する
・決算予測：決算時の数値を予測する
・資金繰り実績、予測：資金繰り表を作成する。今後資金繰りがどうなるか、どういうアクションを起こせばいいかを判断する
・経営計画：会社の目指すべき方向性を決める
・予実管理：作成した経営計画（予算）と実績を比較する
・税金：税金の計算方法、税金を減らす方法を提案する

これらについては、決して得意というわけではありません。なぜならば、経理担当者にとって必須といわれ、採用の基準にもなっている簿記検定の学習範囲にないからです。

手書き時代の名残が強い

「数字に強い＝ＩＴが得意」と思われがちですが、決してそうではありません。効率的な経理にＩＴは欠かせないものですが、苦手とする方も多くいらっしゃいます。

また、**手書きの時代の名残で、効率の悪い経理をしているケースもよく見受けられます。**高額の会計システムであっても、必ずしも適切な機能がついているわけではなく、それを使いこなすための知識も必要です。

□経理担当者は、経営をしたことがない

経理担当者は何よりも経営をしたことがありません。これは税理士事務所の担当者にもいえることです。自分でリスクを負って起業した社長との決定的な違いといえるでしょう。そのため、**経営者のニーズにあった助言がなかなかできない**のです。経営者は、

・これからどうなるか？
・今後どうすればいいか？
・問題点はないか？

という眼で見ていることでしょう。一方経理担当者は、

・数字が合っているか？
・データの入力が終わっているか？
・期限までに決算書が完成するか？

に眼が向くのです。このように経営者の眼と経理担当者の眼は異なります。

経理担当者に対する3つの誤解

1 習っていないこともある

簿記
決算予測
経営分析

2 「ITが得意」というわけではない

そんなに
わかるわけ
では…

3 経営をしたことがない

数字が
合っている
かな？
経理
今後、
どうすれば
儲かるかな？
社長

04

御社の経理は大丈夫？8つのチェックポイント

□経理は必ず効率化できる

一昔前、経理は非常に大変な仕事でした。「手書きで伝票を書いて、それを電卓で集計し、さらに間違いがないかチェックする」。頭脳も使うが肉体も使う仕事だったのです。

ところが、今はPCやインターネットがあります。**PCの性能も向上し、複雑な計算も瞬時にこなせるようになりました。**

会計ソフトだけではなく、Excelを利用し、データをとり込んだり、会計ソフトのデータを変換して加工したりすることもできます。従来は、プリントアウトした資料を見ながらExcelで手入力していたのです。

インターネットサービスも充実し、ネットバンクを使えば、銀行に行って記帳する手間もなくなります。支払いや入金確認の他、税金の納税もインターネットでできる時代です。経理を囲む環境はかなり変わってきたといえるでしょう。

□「ミスをしたくない」。それがすべての原因

といっても、前項で述べたとおり、多くの経理担当者はＩＴに詳しくありません。昔の非効率な業務を、今もやっているケースも珍しくないのです。なぜ、昔のままであることが多いのでしょうか。それはミスをしたくないからです。

経理という仕事は、「完璧にできて当たり前、ミスをしたらいけない」という業務です。ミスを起こさないために、必要以上に保守的になってしまうのは仕方ありません。仕事のやり方を変えると、ミスが起きる可能性も増えます。しかし、ミスばかりを恐れていてはいけません。業務を効率化すればその分、その先の業務に時間を割くことができます。ミスを恐れずに効率化する姿勢も必要でしょう。経理担当者に効率化の姿勢を持ってもらい、その上で、経営に必要なことをやってもらうのです。

□スピードは武器になる

経理業務がスピードアップすると、月次決算も速くなります。月次決算が速くなれば、経営の意思決定のスピードも上がります。経理のスピードアップ、効率化は会社全体に大きなメリットがあります。空いた時間で、経理のことをより深く教えてもらうこともできるでしょう。一般的に、経理業務のムダは次のようなところに表れます。身に覚えがない

か、チェックして下さい。

①1円にこだわり過ぎる
②資料（領収書）を丁寧に保管し過ぎている
③会計ソフトへの入力が丁寧過ぎる
④着手が遅い
⑤会計ソフトに頼り過ぎている
⑥Excelを活用していない
⑦タッチタイピングができていない
⑧ショートカットキーを使っていない

経理業務は、比較的効率化しやすい業務といえます。なぜなら**毎年、毎月、毎日と繰り返す業務が多いから**です。

効率化が進めば、例えば、今5人でやっている業務を2人でできるかもしれません。経理担当者をゼロにすることも可能でしょう。社長自身が経理をやっている場合は、その負担を大きく減らすことができます。税理士事務所に経理業務改善を相談してもいいでしょう。経理担当者を育ててもらうという感覚です。

今すぐチェック！　経理業務のムダ

1　1円にこだわり過ぎる

2　資料（領収書）を丁寧に保管し過ぎている

3　PCを使いこなせていない

05

社長は経理担当者に遠慮しないように！

□経理を経営に活かそう

「経理部長が、社内で発言力を持っている」
「正直、経理担当者に数字のことを聞きにくい」

昔と比べると減った印象もありますが、まだまだ日本には、こうした会社が数多くあります。あなたの会社でも、数字のことがわからないために、経理担当者に遠慮していないでしょうか。自分の経営する会社なのに、おかしなことです。

なぜ、このようなことが起こるのでしょう。

□「わからない」まま、放っておかない！

その最大の原因は、「経理がわからない、経理の知識がない」に尽きます。

「わからない」→「聞きにくい」→「さらにわからなくなる」というループにはまってしまうのです。

逆に、最低限の知識を身につけて、経理担当者とコミュニケーションがとれるようになれば、大きな相乗効果があります。経理を経営に活かすことができるからです。欲をいえば、「社長もある程度、経理ができる」という状態が望ましいと思います。

可能であれば、株式会社武蔵野の社長、小山昇さんがおっしゃるように定期的に経理担当者を入れ替えたほうが好ましいでしょう。

武蔵野では、1年半から2年で経理担当者を替えています。それは、経理を2年も経験すれば、「不正できるほどの実力」が身についてしまうからです。

しかし、現実的には入れ替えは難しいと思います。だからこそ、社長が経理の力をつけておけば、会社を守り、横領などの不正を防ぐこともできるようになります。

□最低限の知識だけでいい

ある程度の知識があれば、**経理担当者や税理士事務所の仕事を判断できます。**「まったくわからない状態」と比べると、雲泥の差です。

何も「経理の知識」をすべて身につけなければいけないわけではありません。本書に挙げる最低限の知識を身につければ大丈夫です。

06 経理担当者をパワーアップさせる3つのコツ

□小さな工夫で大きな成果を！

本書は「他人任せにせずに、社長自身が会社の数字、お金の流れを理解すること」に注力するものですが、経理担当者そのものが強くなるに越したことはありません。ここでは、経理担当者の持っているスキルや力を最大限に発揮させるコツをお話しします。

実は、経理業務を効率化するには、経理担当者だけの力では無理があるのです。**社長主導の改革が必要となります。**仮に、いくら作業だけを効率化しても、

・営業経費の明細が出てくるのが遅い
・請求書が届くのが遅い
・現金取引が多い
・言われた先から随時支払いをする

などといった壁が立ちはだかり、効率化の邪魔をします。経理担当者が「経費精算を早くして下さい」といってても実現はなかなか難しいでしょう。社長自ら陣頭に立って、会社全体の改善を進める必要があります。具体的には次のようなことをやってみましょう。

□現金をなくそう！

経理業務で最も煩雑なものの1つが現金取引です。これがあるのとないのでは業務量がまるで違ってきます。

例えば1780円を支払う場合には、1000円札が1枚、500円玉が1枚、100円玉が2枚、10円玉が8枚必要です。これらを揃えるために金融機関に行く手間は大きな損失でしょう（経理担当者にとっては、気分転換できて楽しいかもしれませんが）。

また、日々現金の残高を合わせなければいけません。会計ソフトの残高と実際の残高をチェックするのです。もし現金取引がなくなれば、これらの業務をゼロにできます。預金取引なら、データとして記録が残るからです。

□小さなミスを許容する

効率化、スピードアップのためには小さなミスを許容しなければいけません。もちろん、税務申告書の段階ではぴったり合わせる必要があります。しかし、毎月の業績を把握し、意思決定をするのなら、10万、100万円単位で間違えなければいいのです。「80%の精度で翌月5日に終わる」ほうが、「100%の精度で翌月20日に終わる」より重要です。経理担当者へ、きちんと意図を伝えましょう。

□作業環境を整える

経理業務を行う環境も整えていきましょう。

①PC

経理業務にはPCを使います。そのPCのスピードが遅ければパフォーマンスは落ちます。会計ソフトやその他ソフトが要求するPCスペックも年々上がっていますし、同じPCを使い続けると処理が追いつかなくなります。年々PCは劣化しますので、2年に1回程度はPCを入れ替えましょう。仮に15万円のPCでも、2年使えば1日あたり312円ですみます（月に20日間PCを使うとすれば、2年で480日。PC代金15万円を480で割って計算）。

②ネットバンク

ネットバンクであれば、データとして会計ソフトへ取込や連動ができますが、通帳だと1つずつ入力しなければいけません。ネットバンク使用料は、その時間を有効に使うためにも、必要な投資です。

経理力アップの3つの工夫

① 現金をなくす

② 小さなミスを許容する

③ 環境を整える

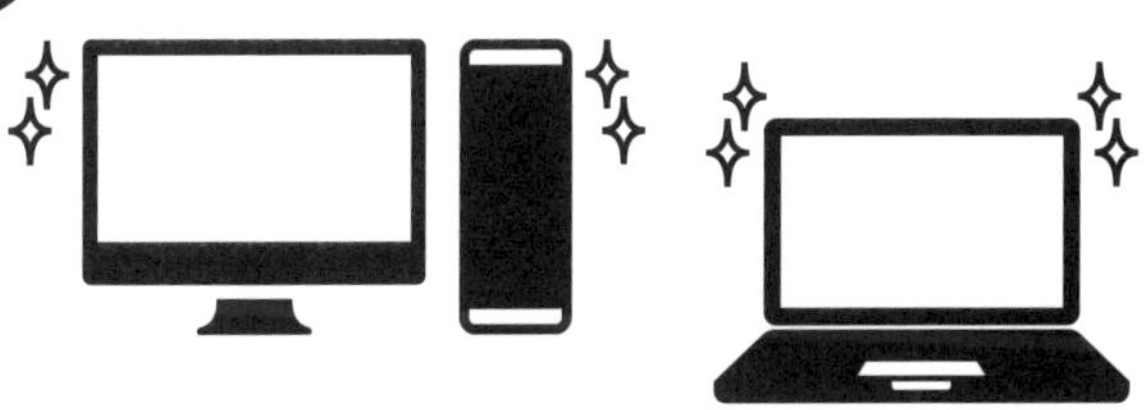

売上と経理担当者の適正人数

売上高	適正人数
～1億円	0～1人
～5億円	1～2人
～10億円	2～3人
10億円～	3人～

明らかに多い場合は見直しを！

③デュアルディスプレイ

ＰＣにもう1つの画面をつなぐデュアルディスプレイは、作業効率を劇的にアップしてくれます。21インチのディスプレイでも1万円ほどで手に入ります。ＰＣの画面を見ながら、もう1つの画面で処理ができるので効率が良く、プリントアウトする機会も減り、ペーパーレス化にもつながります。ぜひ、自分のＰＣにも導入して下さい。

④文書回収サービス

シュレッダーは時間がかかりますが、機密情報保持のためには必要なものです。ただ、その時間が気になる方は機密文書回収サービスを使ってみましょう。ヤマト運輸などのサービスです。段ボール箱に入れた機密文書を回収、溶解処理してくれます。

□理想の経理担当者とは？

このように、社長（会社）が協力してこそ、経理の改善が進み、経理担当者の力を最大限に発揮できるのです。

業務改善を進めつつ、次は「考える仕事」に時間を使ってもらいましょう。ＩＴを活用して業務効率化ができる経理担当者なら、経理業務だけではなく、人事・労務・営業や製造部門のサポートも期待できます。

□経理のコストダウンを！

ここまで改善が進めば、経理担当者の数も少なくてすむようになります。経理担当者の適正人数は、１つの目安として、40ページの表のように考えて下さい（業種や仕事の内容によっては異なります）。

最後に、経理関係のコストを考える際には、税理士とのバランスも視野に入れて下さい。税理士が経理業務の改善提案や効率化を行ってくれるのであれば、経理担当者の人数、コストを下げることができます。税理士に税務顧問だけを頼む場合は、会社に必要な経理担当者の数が増え、求める人材の質も高くなります。トータルのバランスで考えましょう。

第1章

会社経営を支える「3つのシステム」

Keyword

株式会社の本質

07 会社経営を支える「3つのシステム」

□「お金」だけでなく、「会計」「税金」にも目を向ける

序章では、あまり明るみに出ない経理の実態についてお話ししました。「経理担当者任せではいけない」「経理担当者は万能ではない」などについては、意外な方も多かったのではないでしょうか。この章ではそれを踏まえた上で、「なぜ社長が経理を理解する必要があるのか」について詳しくお話しします。

会社経営を支える数字は3つあります。それらを全体的にバランス良く見るようにすると、経営がますますうまくまわり出します。その数字とは以下の3つです。

①お金
②会計
③税金

このうち最も重要なのは、お金（資金、キャッシュ）です。お金がなくなれば会社は存

会社を支える3つのシステム

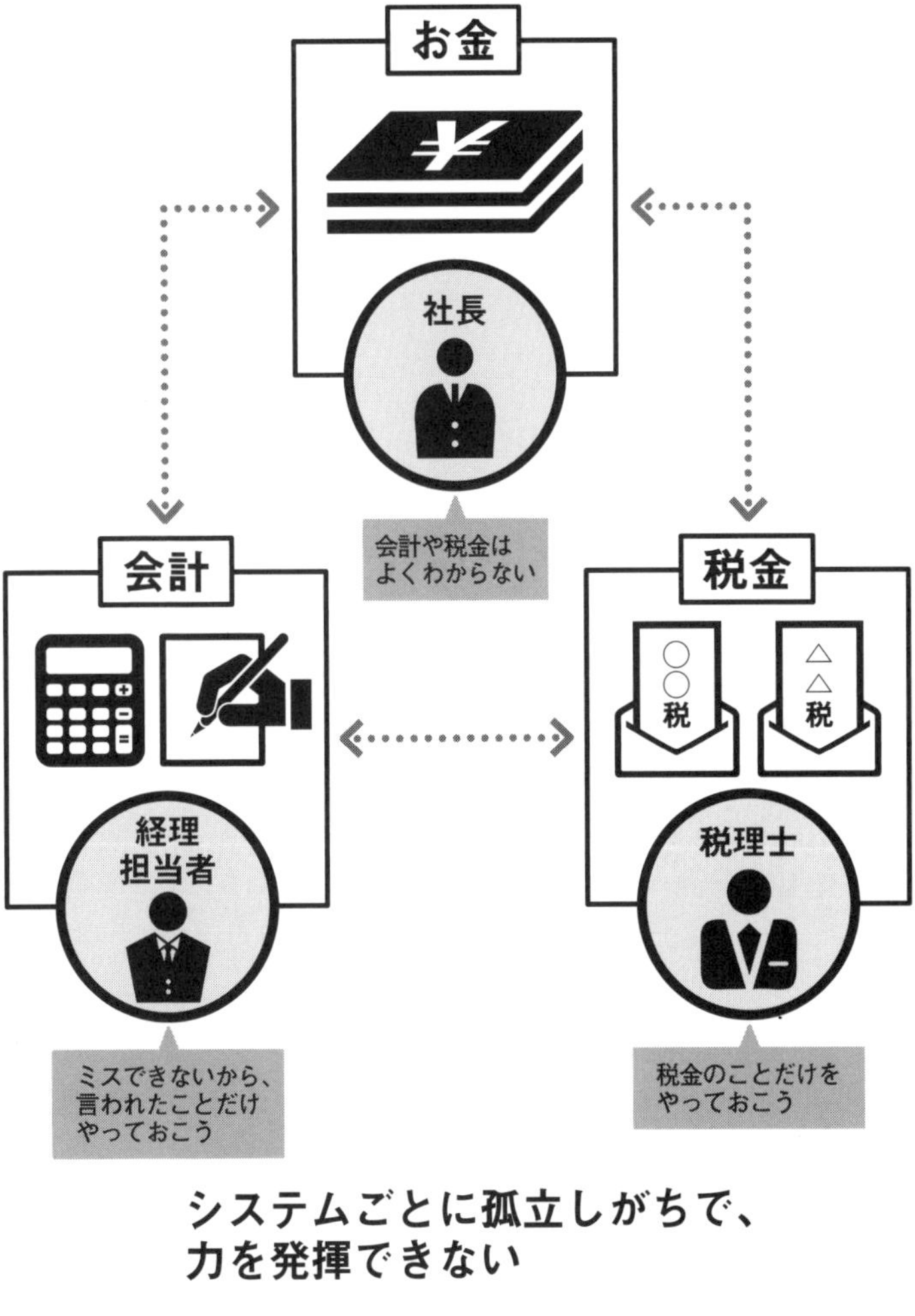
お金
社長
会計や税金は
よくわからない
会計
経理
担当者
ミスできないから、
言われたことだけ
やっておこう
税金
○○税
△△税
税理士
税金のことだけを
やっておこう

**システムごとに孤立しがちで、
力を発揮できない**

続できません。ゆえに、このお金を守るためにも他の2つの数字を見るわけです。多くの経営者の方は、お金の部分は非常によく見ておられます。「毎日、口座の残高を見なければ気がすまない」という方も珍しくありません。

しかしその反動か、**他の会計や税金は任せっきりにする傾向が非常に強いのです。**45ページの図のように、「お金は社長、会計は経理担当者、税金は税理士」と、それぞれが孤立し、うまく連携していないことが多々あります。その結果、例えば、

・社長は、お金の動きや経営全般を見ているが、会計や税金はわからない
・経理担当者は会計には詳しいが、お金の動きや税金をどうやって減らすかがわからない
・税理士は、税金を減らすことには長けているが現場の会計まではわからない

という状況になりがちです（会社により役割分担は変わります。会計と税金を経理担当者が見る、または税理士が会計・税金・お金すべてを担当するケースもあります）。

この3者の中で、社長が最も長けているもの、社長しかやっていないことがあります。それは「経営」です。実際に経営活動の指揮をとっているのは社長なのです。だからこそ、**経営を裏で支える経理を理解すべきなのは、いうまでもない**でしょう。「お金・会計・税金」を把握し、それぞれのバランスをとることは、社長の大事な仕事なのです。

会社を支える両輪

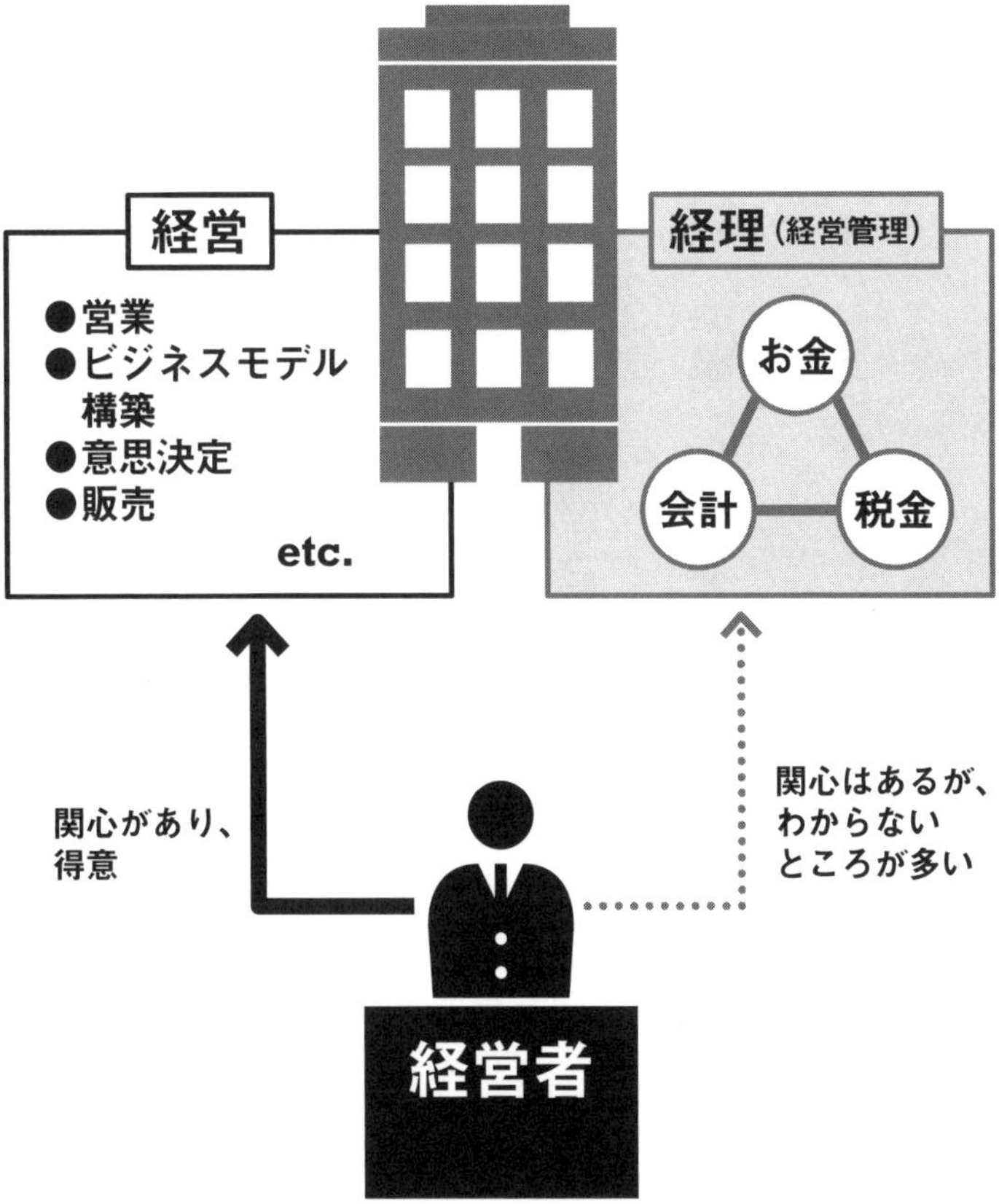

両輪をうまくまわすのが、名経営者の条件

08

9割の社長がハマる3つの落とし穴

□ハマってからでは遅い！

前項目で、「会社経営の3つのシステム」のお話をしました。では、そのシステムが機能不全を起こしたとき、具体的にどのようなことが起こるのでしょうか。

〝「お金」に関心はあるけど、「会計」「税金」はないがしろ〟。そんな社長がやってしまう3つの失敗を見ていきましょう。

□B／Sが読めず、会社の全体像がつかめない

会社の業績を表すものとして、主にB／S（貸借対照表）、P／L（損益計算書）があります。このうち、ほとんどの方がP／Lしか見ていないのではないでしょうか（B／S、P／Lについては第2章で詳しくお話しします）。

B／Sにはこれまでの業績とやってきたことすべてが映し出されます。社長がどんな経

営をしてきたかが明らかになるのです。一方P／Lは1年間の業績です。どちらが重視されると思いますか。当然、これまでの業績を示すB／Sです。

さらにB／Sは、社長の意思や経営方針が反映されるので、金融機関をはじめ、外部からも重要視されます。仮にP／Lで利益が出ていても、B／Sに何かしら問題があると、「この会社は大丈夫なのか」という印象を与えてしまいます。

□節税のあまりお金が減る

「国に税金を払いたくない！」「せっかく稼いだのにとられるのは嫌だ」と税金を極限まで減らしていると、経営に悪影響が出てきます。端的にいうと、会社にお金が貯まりません。税金を減らしたいがために、ムダ遣いをするのは意味がないことです。

□税金を過度に怖がる

先ほどのものとは逆に、税金を過度に怖がってしまうことも問題です。

「税金でどのくらいとられるかわからないから、怖くてお金が使えない」「会社にどのくらいお金を残せばいいかわからない」という声はよく聞きます。税金を意識するあまり、使うべきものにお金を使えなかったり、投資のタイミングを逃してしまったりすることも多いのです。社長はもちろん、経理担当者に正しい税金の知識がなく、ムダな税金をずっと払っていたという例もあります。
また、こうした3つの失敗が重なってくると、次のようなことも起こってきます。

□こんな経験、ありませんか？

・金融機関に融資の申し込みをしたところ、好業績なのに断られた（B／Sが原因）
・税金を払いたくないために、意図的な赤字決算を続けていたが、投資資金が必要になった。そこで融資を受けようと思ったが、これまでの業績が原因で断られた
・決算間近に節税をしようと、多額の生命保険に加入したが、保険料の支払いで資金繰りが厳しくなってしまった
・税務調査を意識しすぎて、経費をあまり入れず自腹を切っていたが、実は経費に入れてもまったく問題ないものだった
・税金を払いたくないために、プライベートな経費を入れていたところ、税務調査で指摘されて、罰金、追徴税含めて多額のお金が出ていってしまった

こうした状況になってからでは遅いのです。

このようなことを未然に防ぐためにも、**社長には経理の知識が必要**となります。こうした失敗を犯さないように本書を活用していただければ幸いです。

9割の社長がハマる3つの落とし穴

1 B/Sが読めず、会社の全体像がつかめない

さっぱり
わからん…
B/S

2 節税のあまりお金が減る

とことん
節税！

3 税金を過度に怖がる

怖くて
お金が
使えないよ…

09

「いかに利回りを高めるか」。それが株式会社の本質

□少ない投資で、大きな利益を！

これまで「会社経営のシステム」についてお話ししてきました。その本質をより深く理解するために「株式会社とは何か？」を一緒に考えてみましょう。

そもそも、なぜ私たちは会社を作るのでしょうか。さまざまな理由があるかと思いますが、例えば「社会に貢献したい」「お金を稼ぎたい」「自由に仕事をしたい」といった理由が考えられます。

ただ、これらの理由がどうであれ、その事業の成果は数字に表れます。そして、その数字も**「いくらの元手で、いくらの利益を出したか」**で判断をされます。言い換えると、「いくら投資してどれだけ回収できたか、どれだけ儲けがあるか」を見られるわけです。これが株式会社の本質であり、最も重要なポイントです。では、その会社の元手とは何でしょうか。これには2つの考え方があります。

□元手①「資本金」

資本金は本来、会社のために他の方から出してもらうお金です。会社が発行する株式と引き換えにお金を受けとり、それをもとに事業を行います。そして株主には、配当や売却益で還元するのです。

しかし中小企業の場合、他の方からお金を出してもらうことは少なく、経営者または経営陣が出していることが多いでしょう。

例えば、会社設立のときに1000万円出資していれば、資本金1000万円の会社ができます。この1000万円を元手として事業を行うわけです。

□元手②「総資本利益率」

もう1つは総資本利益率という考え方です。

この場合、元手には資本金の他に負債及び利益剰余金を含みます。取引先へ支払っていない代金も元手の一部と考えるのです。

例えば、今月20日に100万円の商品を仕入れて、来月30日に100万円を支払うとすると、無利息で40日間お金を借りていることになります。

こういった買掛金や未払金、従業員の給料から天引きし一時的に預かっている預り金、お客さまから前もって受けとる前受金、金融機関からの借入金なども事業の元手として投資できるわけです。これら負債と資本金などを合わせて総資本といいます。この元手（総資本）でいくらの利益を上げたかが重要な指標です。この率を総資本利益率といいます。

□限られた元手で大きな利益を！

事業の成果を測るには、**元手と利益を常に考える**必要があります。多くの元手を使ったほうが、利益を上げるのは簡単かもしれません。しかしその分、リスクは高くなります。1000万円投資して、100万円利益がある場合と、10万円投資して100万円利益がある場合とでは、当然、後者の効率がいいわけです。

事業の効率は、限られた元手でどれだけ利益を上げられるかが大きなポイントとなります。投資には「元をとった」「元がとれた」という表現がありますが、事業も同じなのです。この点をよく覚えておいて下さい。

今は資本金が1000万円以下でも会社を設立できます。少ない資本金、少ない元手でスタートできるのです。

さらに、インターネット、PC、ITの発達・普及により、小資本で大きな利益を上げる会社が増えてきました。つまり、総資本利益率が高い会社も増えてきているのです。

元手の考え方

① 資本金

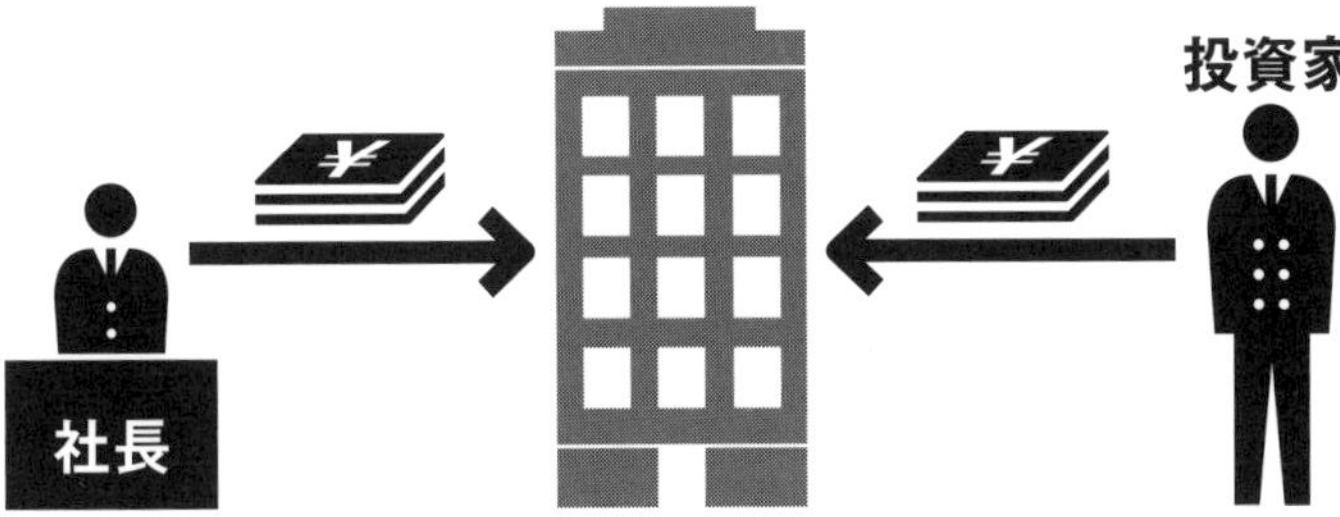

会社の元手であり、
このお金がなければ何もできない

② 総資本利益率

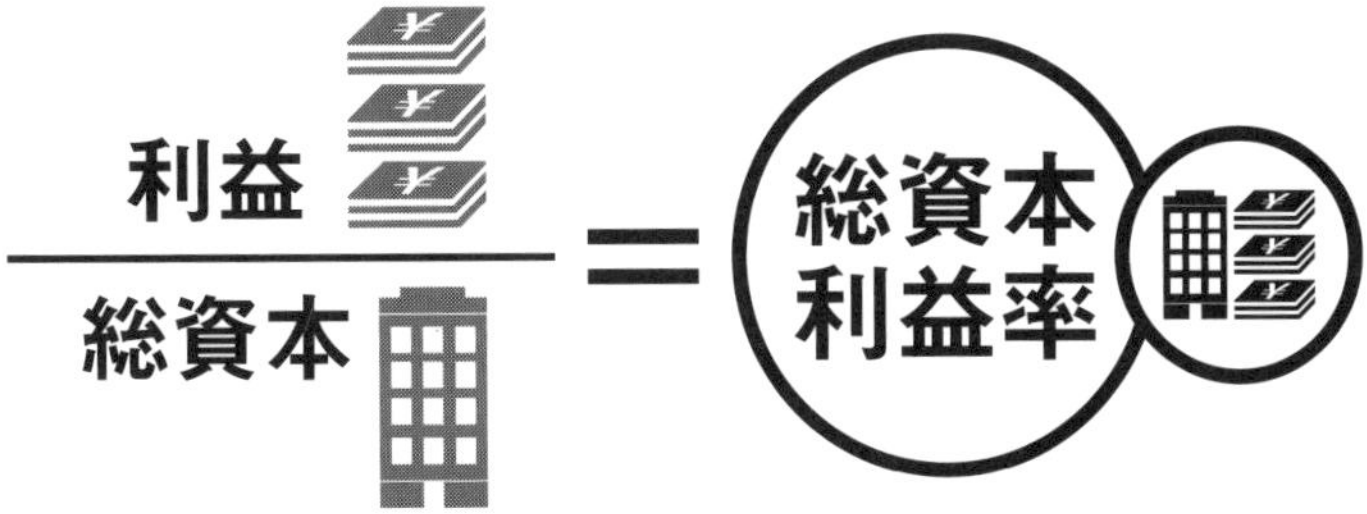

元手を利用して、
どれだけ儲けているかを示す指標

第2章

これでわかった！「決算書のしくみ」

Keyword

B/Sと P/L

10
B／SとP／Lは、つながっている

□「利益剰余金は、当期純利益の累計」と覚える

B／SとP／Lの解説に入る前に、これらの関係についてふれていきます。同じ会社の数字ですので、当然、B／SとP／Lは、非常に密接な関係にあります。

59ページの図を見て下さい。これがB／SとP／Lの関係です。B／Sの右側にある純資産は、一般的に資本金と利益剰余金から成り、**利益剰余金は、「過去のP／Lの利益＋当期のP／Lの利益」から構成されています**（配当などをした場合は差し引きます）。このようにB／SとP／Lはつながっています。だからこそ、どちらか片方ではなく、B／SとP／Lの両者の数字を読む力が必要なのです。まずこの点をしっかり理解して下さい。

別の視点から考えてみましょう。B／SとP／Lの関係を時系列で見ていきます。60ページの図を見て下さい。3月決算の会社で、ここ3年間のB／SとP／Lの動きを追ったものです。

B/SとP/Lはつながっている

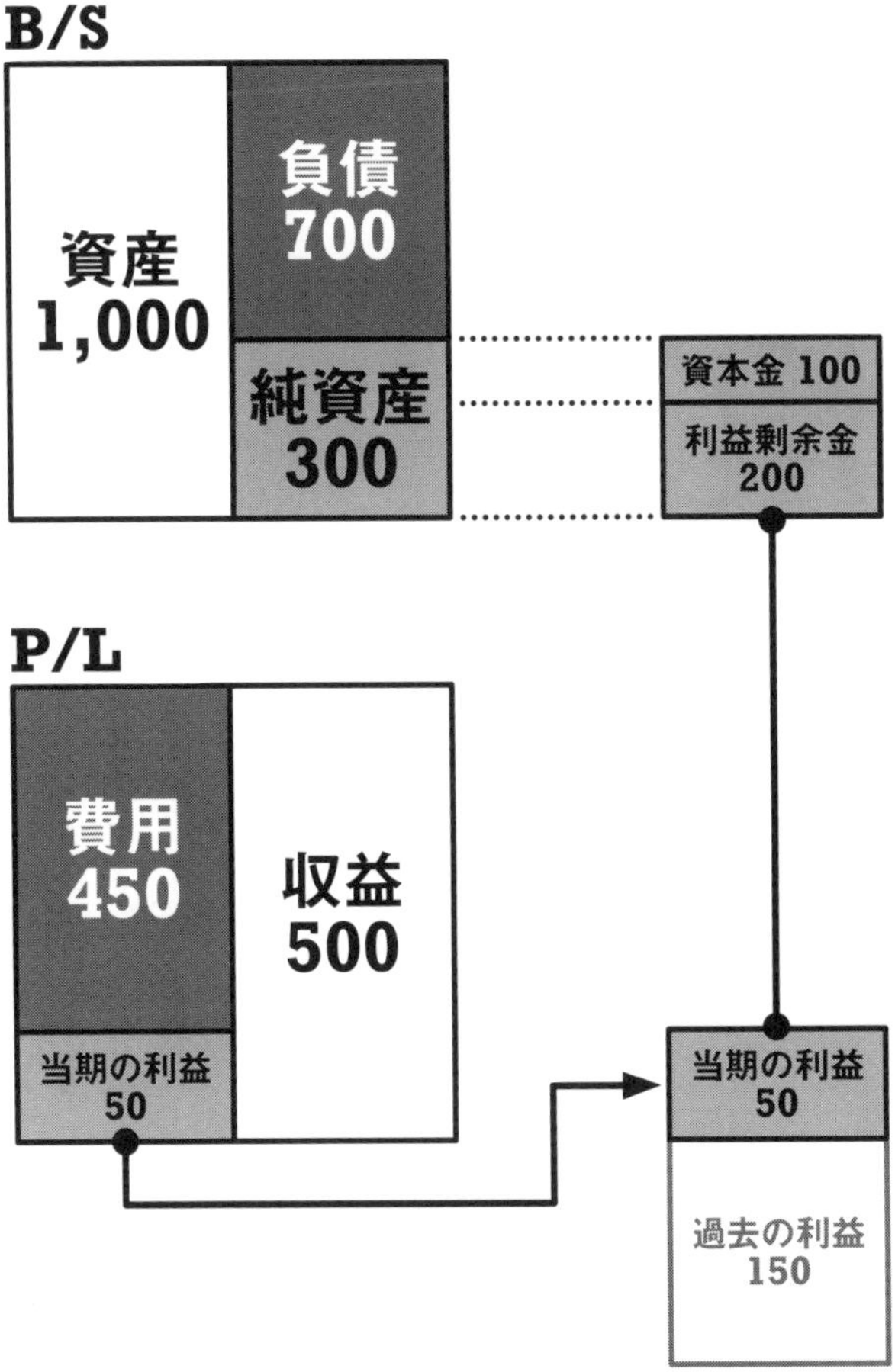

利益剰余金＝当期の利益＋過去の利益

B/SとP/Lを時系列で見る

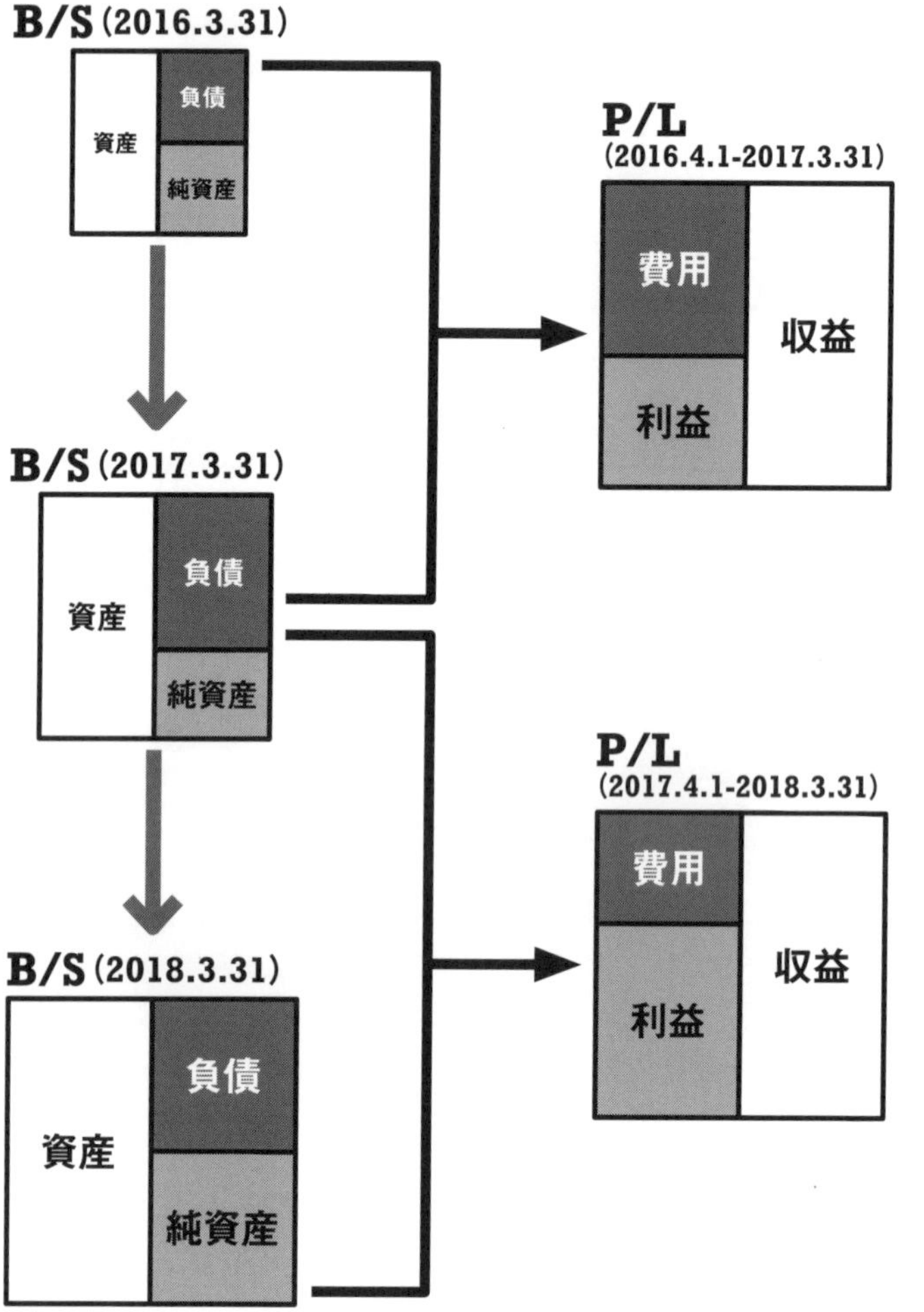

2つのB/Sを見比べてみる

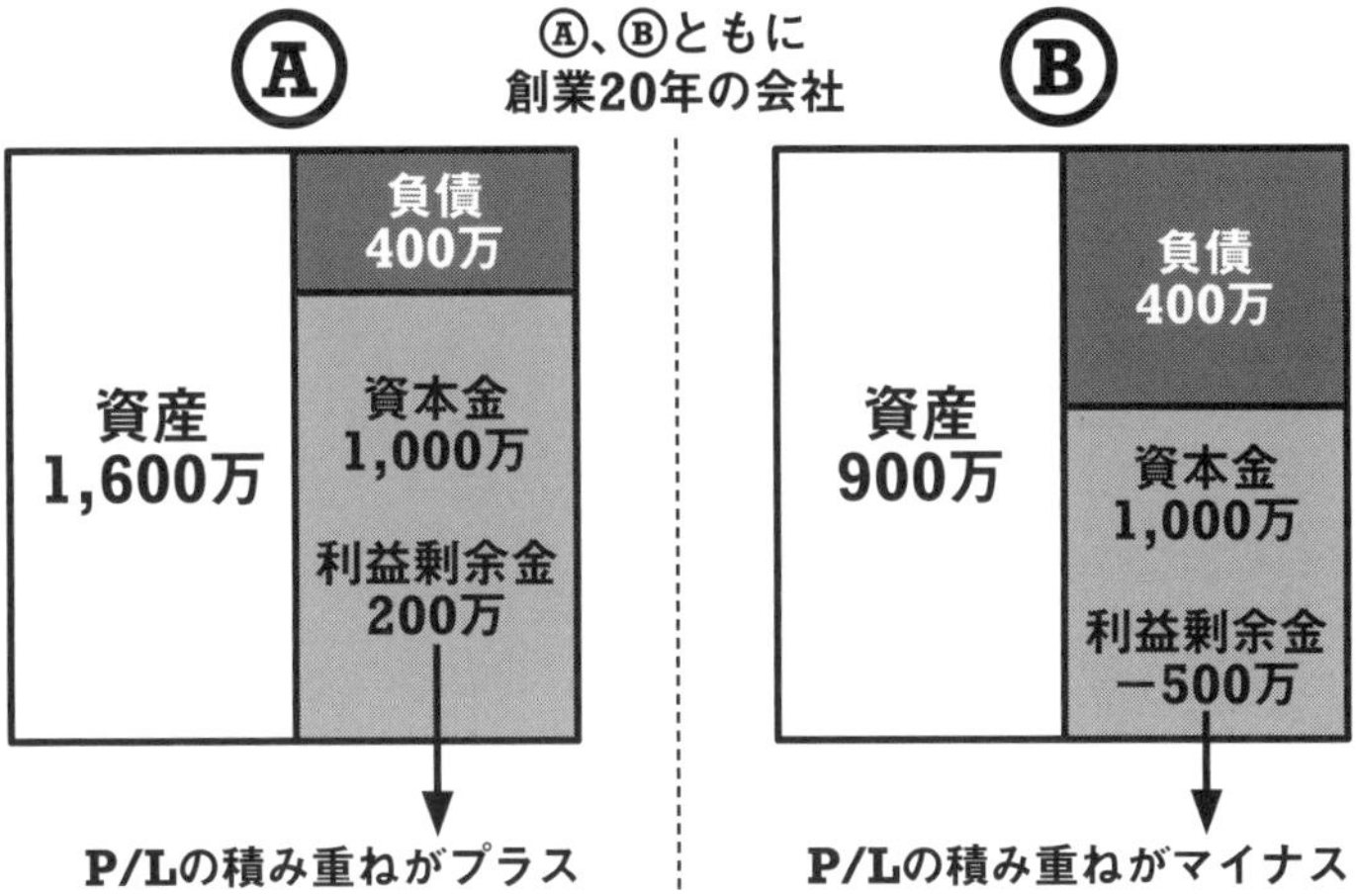

ここで注目していただきたいのは、B／Sは期が変わっても蓄積されていくのに対し、P／Lは期ごとで明確に分断されていることです。P／Lは決算が終わるとリセットされます。**P／Lだけなら、いくらでもごまかせる**わけです。P／Lだけを見ても会社の真実は見えません。これまでどんなに業績が悪くても、決算が終わればリセットされてしまうからです。決算という便宜上、1年ごとに区切っているにすぎません。

つまり**B／Sにこそ、会社の本当の力が表れる**のです。

上の図を見て下さい。創業20年の会社、ⒶとⒷのB／Sです。P／Lを見なくとも、B／Sだけで、この20年の業績がわかるのです。

11

B／Sを1秒で読む方法

□これでB／Sが絶対わかる！

前項目で、B／SとP／Lのつながりについてお話ししましたが、「普段はP／Lしか見ていない」「B／Sは難しそうだし、経理担当者に任せっきり」という方にとっては、意外だったのではないかと思います。

会社の数字を把握するには、「試算表」を退治しなければいけません。社長が毎月見ているB／S、P／Lのことです。この試算表、非常に読みにくく、決算書・会計の勉強をしようとして、ここで挫折した方も多いのではないでしょうか。ここからは、その挫折の最大の原因であるB／Sを攻略していきます。

□なぜ毎月のB／Sは読みにくいのか？

B/Sは、なぜわかりにくいのか？

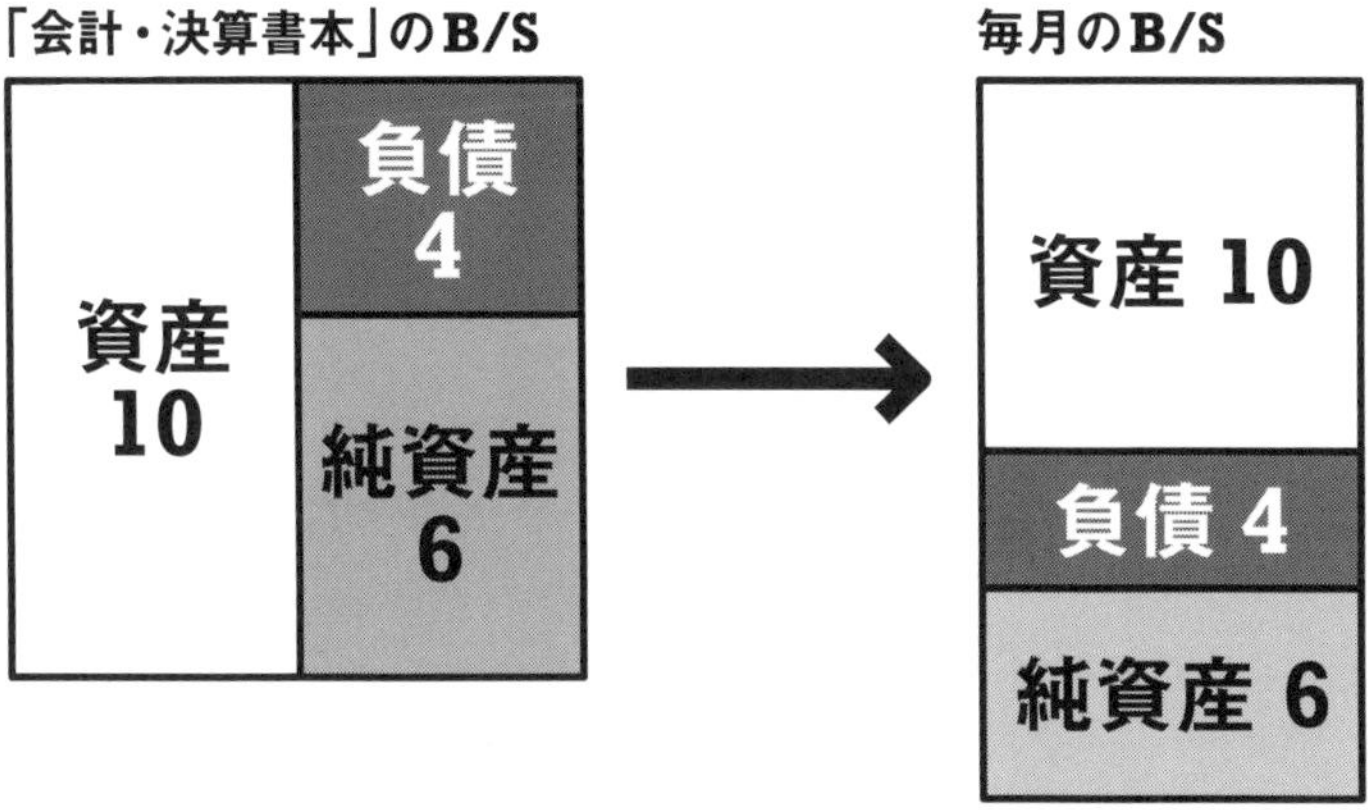

毎月のB/Sは、左右ではなく上下に並んでいる

そもそも、試算表とはどういったものなのでしょうか。なぜ読みにくいのでしょうか。

「試算」の名の通り、もともとは数字をチェックするための表なのです。**業績を把握する、数字を分析するために作られたものではありません。**チェックするための表が、そのまま社長に提出されているというのが現状です。その証拠に、試算表のB／Sは、世の会計本で見るB／Sとはまったく違った形式をしています。

みなさまに馴染み深いのは、上の図の左のものではないでしょうか。左側に、会社の「資産」があり、右側に、会社の「負債」と「純資産」があるものです。「貸借対照表」という名前の通り、左右が一致するようになっています。

ところが、毎月のB／Sはこのようなわかりやすい形をしておりません。「資産」「負債」「純資産」の順で、上下に並んでいます。

これが、B／Sの理解を難しくしている最大の原因です。

□B／Sを3つのパーツに分ける！

では、65ページに一般的な試算表のB／Sがありますので、「資産」「負債」「純資産」に分けて、読んでみて下さい。それぞれ、「資産合計」「負債合計」「純資産合計」という項目がありますので、それが分かれ目です。

いかがでしょうか。これまで何となくしかわからなかったB／Sの全体像がつかめてきたのではないかと思います。

□すべてはB／Sから始まる

そもそも試算表は、「経理がチェックするための資料がそのまま社長に提出されている」ものです。**経営に活かすためには、試算表に加えて、また違った資料が必要**となります。

その詳細は、第3章と第4章でお話しします。とはいうものの、左右に並んだB／Sに作り変えてみるだけでも、効果はあるでしょう。

毎月のB/Sを読んでみよう！

勘定科目	前月繰越	当月借方	当月貸方	当期残高	構成比（対売上比）（%）
［現金・預金］					
現金	15,000	100,000	0	115,000	0.13
普通預金	4,142,000	54,400,000	48,000,000	10,542,000	11.75
現金・預金合計	4,157,000	54,500,000	48,000,000	10,657,000	11.87
［売上債権］					
売掛金	23,000,000	20,000,000	25,000,000	18,000,000	20.06
売上債権合計	23,000,000	20,000,000	25,000,000	18,000,000	20.06
［棚卸資産］					
商品	49,800,000	4,390,000	3,000,000	51,190,000	57.04
［他流動資産］					
前払費用	2,000,000	0	0	2,000,000	2.23
仮払消費税	0	0	0	0	0.00
流動資産合計	78,957,000	78,890,000	76,000,000	81,847,000	91.20
［有形固定資産］					
工具器具備品	6,400,000	0	0	6,400,000	7.13
有形固定資産計	6,400,000	0	0	6,400,000	7.13
［無形固定資産］					
無形固定資産計	0	0	0	0	0.00
［投資その他の資産］					
敷金	1,500,000	0	0	1,500,000	1.67
投資その他の資産合計	1,500,000	0	0	1,500,000	1.67
固定資産合計	7,900,000	0	0	7,900,000	8.80
［繰延資産］					
繰延資産合計	0	0	0	0	0.00
［諸口］					
資産合計	86,857,000	78,890,000	76,000,000	89,747,000	100.00
［仕入債務］					
買掛金	16,614,000	10,514,000	10,600,000	16,600,000	18.50
未払金	15,000,000	6,000,000	5,950,000	14,950,000	16.66
預り金	5,000,000	1,200,000	1,000,000	4,800,000	5.35
仮受消費税	0	0	0	0	0.00
流動負債合計	36,614,000	17,714,000	17,550,000	36,350,000	40.50
［固定負債］					
長期借入金	35,000,000	5,000,000	0	30,000,000	33.43
固定負債合計	35,000,000	5,000,000	0	30,000,000	33.43
負債合計	71,614,000	22,714,000	17,550,000	66,350,000	73.93
［資本金］					
資本金	10,000,000	0	0	10,000,000	11.14
資本金合計	10,000,000	0	0	10,000,000	11.14
［利益剰余金］					
利益準備金合計	0	0	0	0	0.00
任意積立金合計	0	0	0	0	0.00
当期純損益金額	5,243,000		8,054,000	13,297,000	14.82
繰越利益剰余金合計	5,243,000	0	8,054,000	13,297,000	14.82
その他利益剰余金合計	5,243,000	0	8,054,000	13,297,000	14.82
利益剰余金合計	5,243,000	0	8,054,000	13,297,000	14.82
純資産合計	15,243,000	0	8,054,000	23,397,000	26.07
負債・純資産合計	86,857,000	22,714,000	25,604,000	89,747,000	100.00

資産　負債　純資産

「資産」「負債」「純資産」に分けて読む

12

B／Sは、4つに分けて考える

□パーツごとに分ける習慣を持とう

さて、B／Sのしくみがわかったところで、次はB／Sの3大パーツ、「資産」「負債」「純資産」に触れていきます。

そもそもB／Sは、会社の財政状態を表すもので、主に次の4つの要素が載ったものだと理解して下さい。

①お金

そのままの意味で、現金、または預金を指します。

②将来お金になる可能性があるもの

将来お金になり得るもの、将来お金を生み出すものがあります。代表的なものを列挙していきます。

「売上代金でまだ回収していないもの：売掛金」

B/Sの構造を理解しよう！

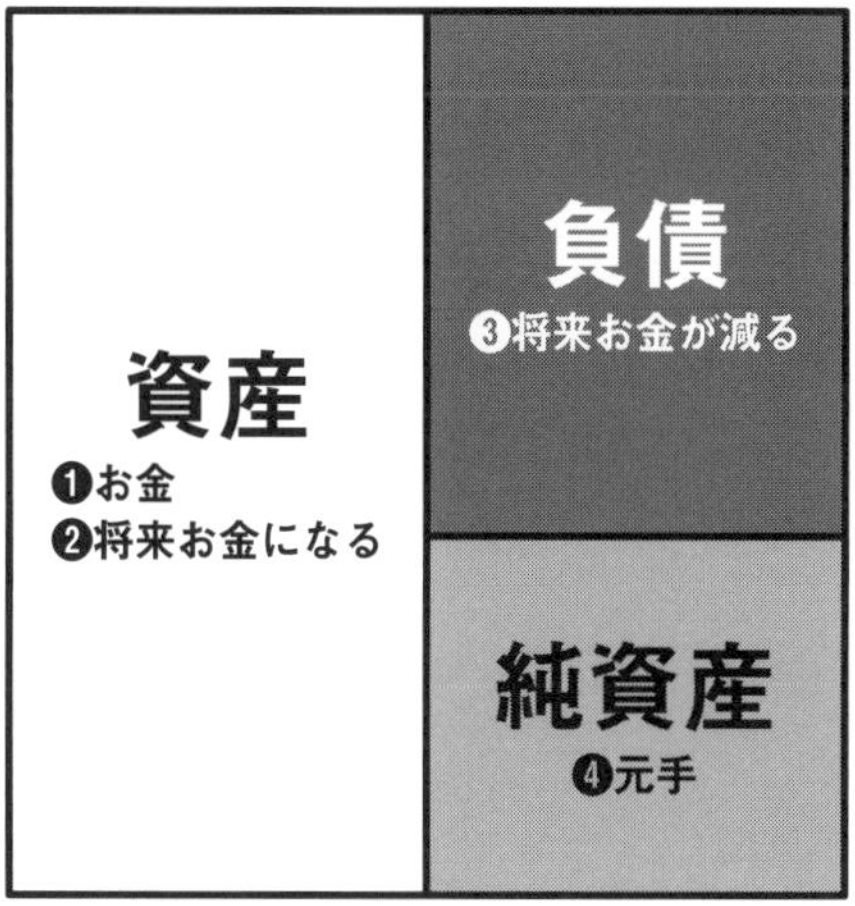

「過去に仕入れた商品でまだ売れていないもの：商品」

「過去に買った建物で売れればお金になりうるもの：建物」

「過去に支払ったお金で戻ってくる可能性があるもの：保証金」

これら①〜②を合わせて、資産といいます。

③将来お金が減る可能性があるもの

代表的なものを列挙していきます。

「仕入代金でまだ支払っていないもの：買掛金」

「その他の代金でまだ支払っていないもの：未払金」

「一時的に預かったお金：預り金」

「売上の代金で前もって受けとったお金：前受金」

「借りたお金：借入金」

④元手

自分や株主が出したお金で、返済しなくていいものです。「元手：資本金」「これまでの利益の蓄積：利益剰余金」などが該当します。これらを純資産といいます。少し前まで資本と呼ばれていました。

□その他にこんな要素も！

B／Sには、翌期以降に繰り越すべきものも含まれます。前払費用、未払費用などというものです。通常、費用はP／Lに載るものですが、P／Lは今期のものしか載りません。「翌期の費用」を入れることはできないのです。

「P／Lに載せることができないので、仕方なくB／Sに載せてある」と考えていただいて結構です。P／Lはいったんリセットされますが、B／Sは蓄積されます。蓄積されるほうのB／Sに記録しておくわけです。未払費用は、「今期の費用で、支払いは翌期のもの」です。支払いを忘れるといけないので、B／Sに記録してあると考えて下さい。

□「将来お金が増えるもの、減るもの」を常にチェック

B／Sを見れば、これからお金がどのように増減するかがわかります。前述の「②将来

お金になるもの」「③将来お金が減るもの」が重要です。

例えば、売掛金が1000あれば、その1000が将来入金されることがわかりますし、買掛金800があれば、その800を将来支払わなければいけないことがわかります。

また、将来お金が増えるものであっても、「いつ増えるか」「確実に増えるか」どうかは各資産によって異なります。科目ごとに、

売掛金→代金の回収が確実かどうか、できるだけ早く回収できるか
商品→売れ残りなのか、適正な在庫なのか
建物、車両、備品→売却したときに価値があるのか、収益を生み出しているか

という視点で見て下さい。**「将来お金が増える」といっても、その可能性が低くなると、いわゆる「お金が寝ている」状態**になります。ゆえに、お金以外の資産は、決して多ければいいわけではないのです。いつお金に変わるかを常に意識しましょう。

□B／Sで未来の数字を読みとる

P／Lは1事業年度の売上高、費用、利益などを表わしたものです。つまり、過去・現在の数字しか読みとれません。一方、B／Sは過去・現在に加えて未来の数字も読みとれます。会社の命綱である資金繰りの予定を立てるには、正しいB／Sが欠かせません。

これがB／Sを理解しなければいけない理由の1つです。

13 いいB／Sと悪いB／S。ポイントは2つ

□資産と負債の「ここ」を見る

B／Sの基本構造がわかったところで、資産と負債の中身にも注目してみましょう。

①お金になりやすい資産が多いかどうか

71ページの図を見て下さい。B／Sの左側の資産の上半分を流動資産、下半分を固定資産といいます。これらの違いは「お金になりやすいかどうか」です。

一般的には1年以内にお金になるものを流動資産、1年を超えるものを固定資産としています（その他、繰延資産があります）。

流動資産には、お金、売掛金、受取手形、商品（在庫）、有価証券（売買目的のもの）などがあります。

固定資産には、建物、土地、車、保証金などがあります。いざというときはお金が必要です。いくら建物を持っていても、換金するには時間と手間がかかります。固定資産を持

B/Sの資産は、ここを見る

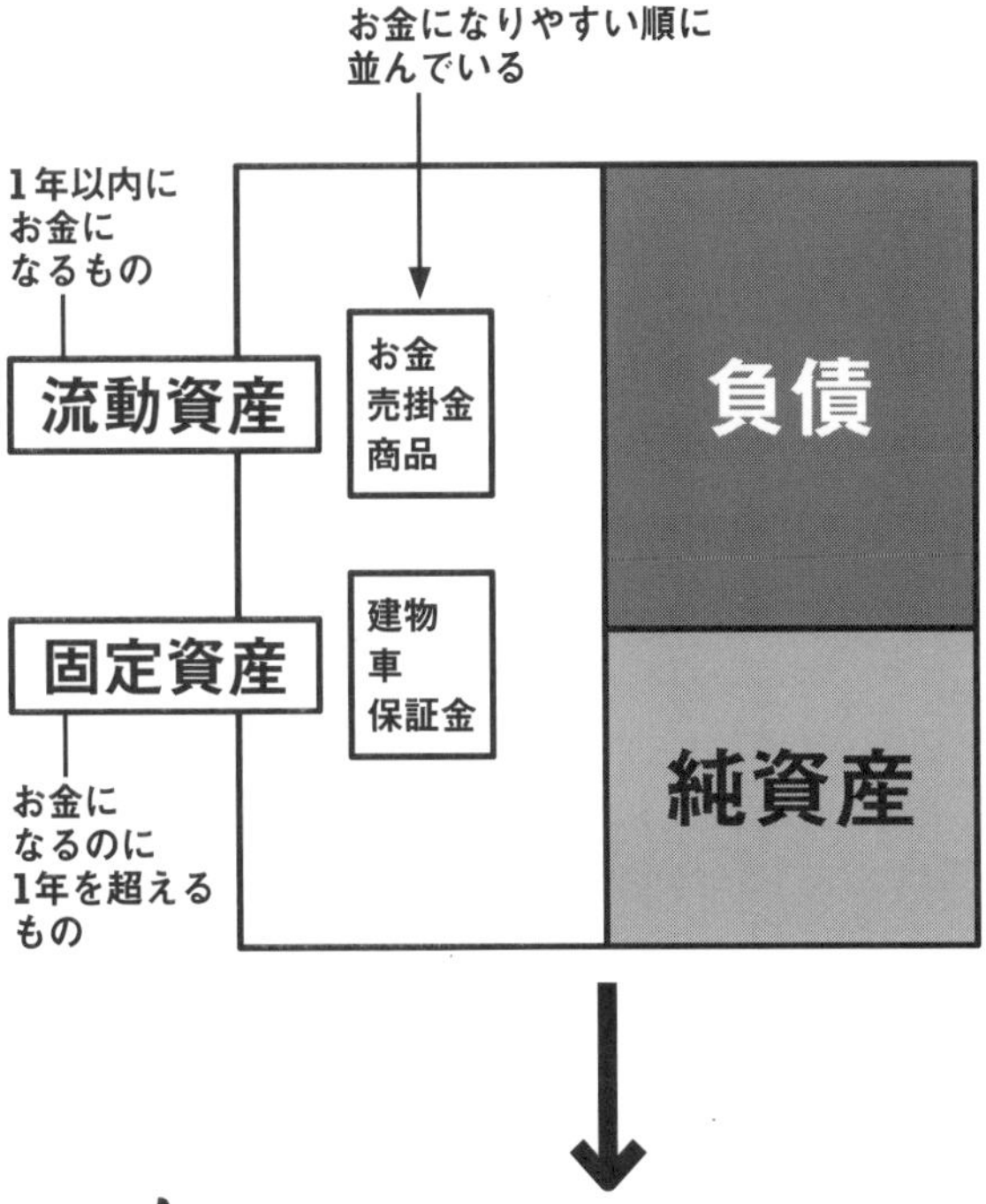

Point

- できるだけ資産を上に持っていく
- リターンが見込めるなら、固定資産を持っても良い

つならば、それなりのリターンがあると見込まれる場合のみにしましょう。流動資産は下に行くに従って、換金性が低くなります。左側の資産に関しては、「できるだけ上に持っていく」「リターンが見込めるなら固定資産を持っても良い」ということがポイントです。

②お金が出ていきやすい負債が多いかどうか

73ページの図を見て下さい。次は、B／Sの右側です。負債の上半分は流動負債、下半分は固定負債といいます。お金が出て行きやすい順に並んでいます。資産とは逆に、できるだけ下にあったほうが好ましいと覚えておいて下さい。

□支払手形は使わない！

特に負債の一番上にある支払手形は要注意です。支払手形がもし決済されなかった場合、「不渡り」となり、不渡りが2回あると、会社は倒産してしまいます。極力、支払手形は使わないようにしましょう。

借入金も、「短期で返済する短期借入金」と「長期で返済する長期借入金」があり、前者は流動負債、後者は固定負債です。長期で返済するほうが、資金繰り上は負担が少なくなります。

信用がないうちは、短期借入金になってしまいますが、徐々に長期借入金へ切り替えるよう試みましょう。

B/Sの負債は、ここを見る

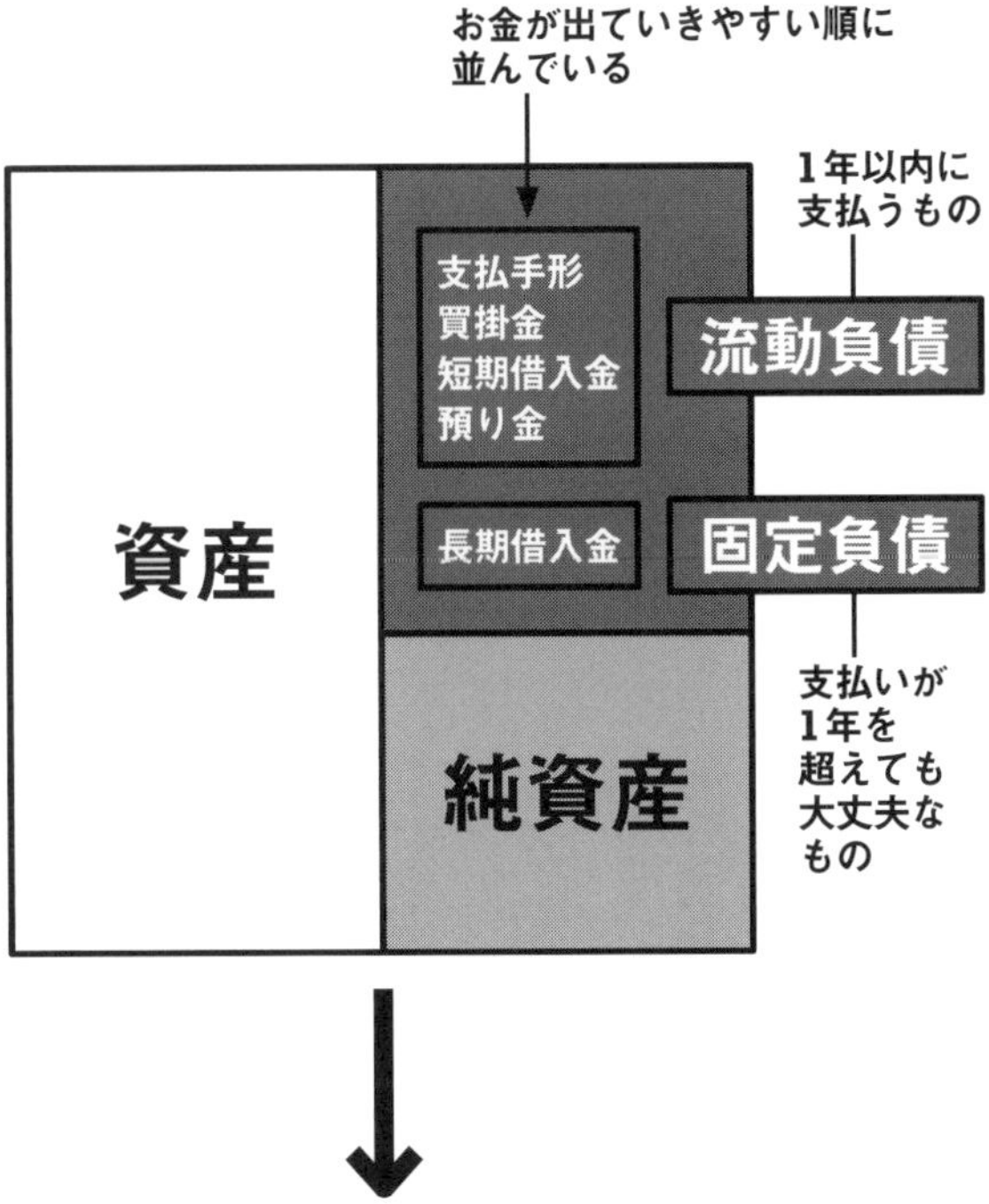

Point

- できるだけ固定負債の割合を増やす
- 支払手形は極力使わない

14

B／Sの健全性は「ここ」に表れる

□出ていくお金に対して、入ってくるお金がどれだけあるか

B／Sのバランスを見る数値の1つとして、流動比率というものがあります。この数値もぜひ覚えておいて下さい。

「流動比率＝流動資産÷流動負債×100」という計算式で算出できます。この数値で「1年以内に現金化できる流動資産に対して、1年以内に返済すべき流動負債がどれだけあるか」がわかるのです。

流動比率は150％程度あれば合格点といわれています。すぐにお金になる流動資産が、すぐにお金が出ていくことになる流動負債の1・5倍程度あったほうが好ましいという考え方ですね。75ページの図を見て下さい。Ⓐ、Ⓑで考えると、

Ⓐは、流動資産（700）÷流動負債（800）×100＝流動比率（87・5％）

Ⓑは、流動資産（2000）÷流動負債（800）×100＝流動比率（250％）

流動比率で、会社を比べる

$$流動比率＝\frac{流動資産}{流動負債}×100$$

Ⓐ

普通預金	500	買掛金	800
売掛金	200	長期借入金	200
車	1,300	純資産	1,000

Ⓑ

普通預金	500	買掛金	800
売掛金	200	長期借入金	200
商品	1,300	純資産	1,000

となります。

しかしⒷを見てみると、商品１３００は非常に多い数値です。流動比率が２５０％だからといって本当に安心といえるのでしょうか。

そこで、流動資産のうちでも、さらに換金性の高いものを使った指標があります。

それは当座比率というもので、**当座資産（お金、受取手形、売掛金など）÷流動負債×１００で計算**します。これが１００％程度あると合格点です。改めて計算してみると、当座資産（７００）÷流動負債（８００）×１００＝当座比率（８７・５％）となり、安心できるとはいえません。

15 P／L、5つの利益を攻略する

□「収益－費用＝利益」が基本構造

ここまでB／Sの話を続けてきましたが、次はP／Lを解説します。

P／LはB／Sに比べると、「何となくわかる」という方が多いかと思いますが、復習の意味も込めて、読み進めて下さい。

P／Lとは、「Profit（利益）and Loss（損失）Statement」の略で、その名の通り、会社の利益（又は損失）を表します。

P／Lの基本構造は、「収益－費用＝利益」というものです。

1年間の経営成績を表し、この**P／Lが積み重なることで、B／Sが作られていく**と考えて下さい。

さて、このP／Lには5つの利益が登場します。

次ページから順に見ていきましょう。

□5つの利益の構造を頭に入れる

①売上総利益

粗利益、粗利とも呼ばれます。「売上高－売上原価」で計算します。サービス業など一定の業種では売上原価がなく、売上高＝売上総利益となることもあります。最初に出てくる利益であり、最重要利益です。この売上総利益が低いと、必要な費用を支払うことができません。利益は金額だけではなく、比率でも確認しましょう。粗利率（売上総利益÷売上高）で確認しても、原価率（売上原価÷売上高）で確認してもかまいません。

似たようなものに「限界利益」というものがあります。これはP／Lを組み替えた変動P／Lに出てくるもので、売上高から変動費（売上原価や発送費など、売上に応じて増える費用）を引いて計算します。「限界利益」＝「売上総利益」となることも多いです。

②営業利益

売上総利益から販売費及び一般管理費（販管費）を引いたものを営業利益といいます。「本来の営業活動で生まれた利益」と考えて下さい。販管費とは、家賃や人件費、広告宣伝費などの費用のことです。

③経常利益

営業利益に営業外収益を加え、営業外費用を引いたものを経常利益といいます。「けいつね」とも呼ばれるものです。この経常利益は、通常、会社の評価に使われます。ニュースや新聞で目にすることも多いでしょう。

なぜ、経常利益が重視されるのでしょうか。それは財務的な要素を加味しているからです。営業外収益には、通常、受取利息や受取配当金が入り、営業外費用には支払利息や手形売却損（手形を割り引いた損）が入ります。会社がもし賃貸不動産を持っていれば、その家賃収入を「営業外」の収益として入れることもあります。投資や運用、借入の結果、生じた利益と損失が反映されるわけです。

④税引前当期純利益

経常利益に特別利益を加え、特別損失を引いたものを税引前当期純利益といいます。特別利益・特別損失には、固定資産の売却益、売却損、投資用株式の売却益、売却損、役員の退職慰労金などが含まれます。中小企業では、雑収入、雑損失という科目で営業外収益、営業外費用に入れているケースが多く見受けられますが、正しく把握するのであれば、きっちりと区分すべきです。

⑤当期純利益

税引前当期純利益から、法人税、住民税及び事業税を引くと、当期純利益になります。税金を負担して残った利益が当期純利益なのです。

P/Lの基本を押さえる

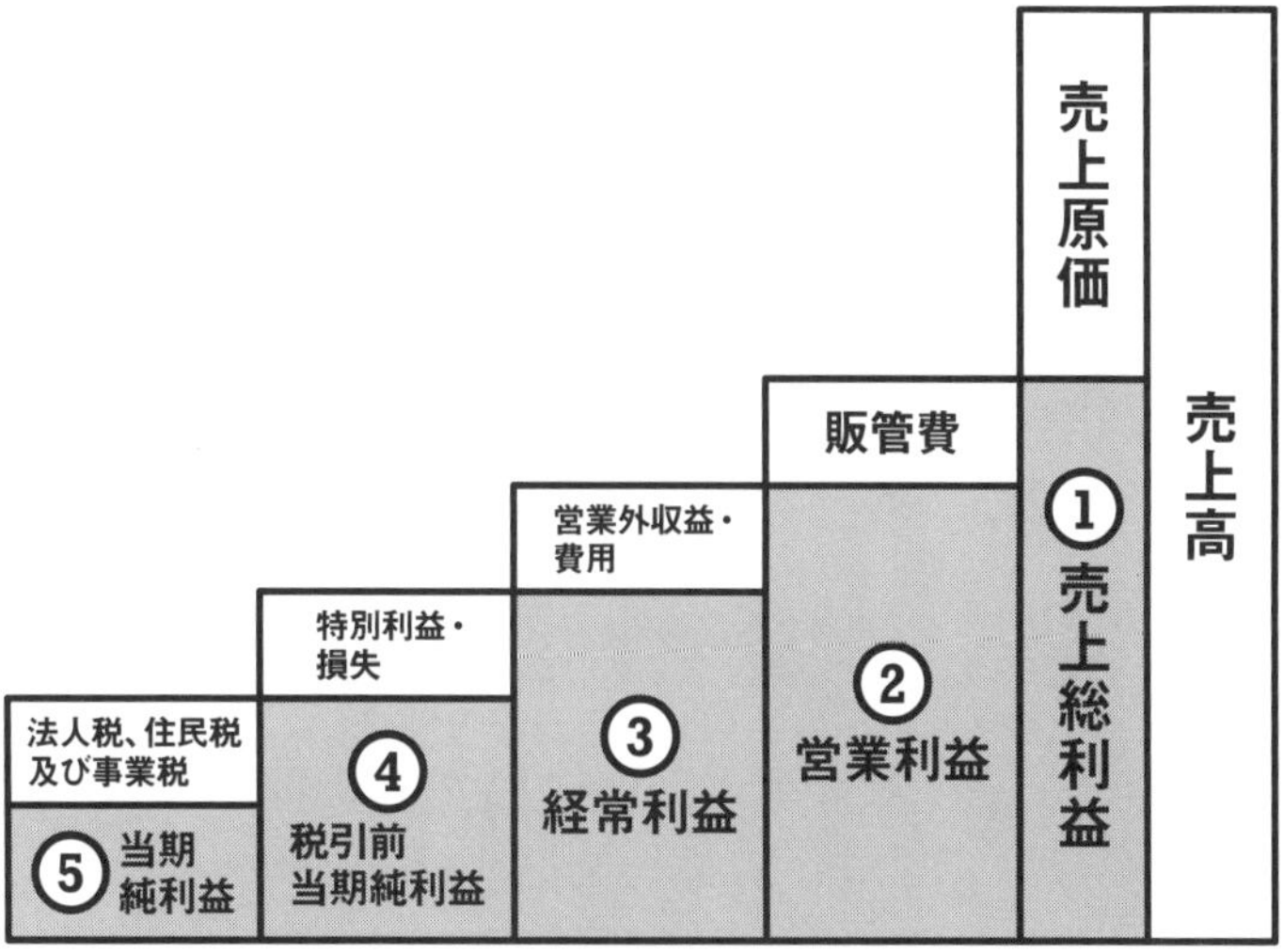

① 売上総利益 ＝ 粗利とも呼ばれ、最初に出てくる重要な利益

② 営業利益 ＝ 粗利から家賃、人件費などを引いたもの

③ 経常利益 ＝ 営業利益に財務、投資の要素を加味したもの

④ 税引前当期純利益 ＝ 経常利益に特別な損失、利益を加味したもの

⑤ 当期純利益 ＝ 税引前当期純利益から法人税などを引いたもの

16 最も注目すべきは、経常利益！

□「実力以外の収支」にだまされない！

P/Lの項目で、5つの利益があるとお話ししました。その中で最も重要なのは経常利益です。

経常利益は、本業から生じた利益に財務上の収支を加味したもので、会社の実力が表れるといわれています。私もこの数字を重要視しています。

81ページの図を見て下さい。ⒶとⒷのような会社があった場合、実力があるといえるのはどちらでしょうか。

Ⓐ社は一時的に固定資産を売った利益（特別利益）が出ているだけで、経常利益は1万です。長期的に見ると実力があるのは、Ⓑ社です。金融機関でも同じ判断をします。こうした「実力以外の収支」にだまされてはいけません。経常利益までは実力、特別利益・特別損失はたまたまと考えて下さい。

Ⓐと Ⓑ、実力のある会社はどっち？

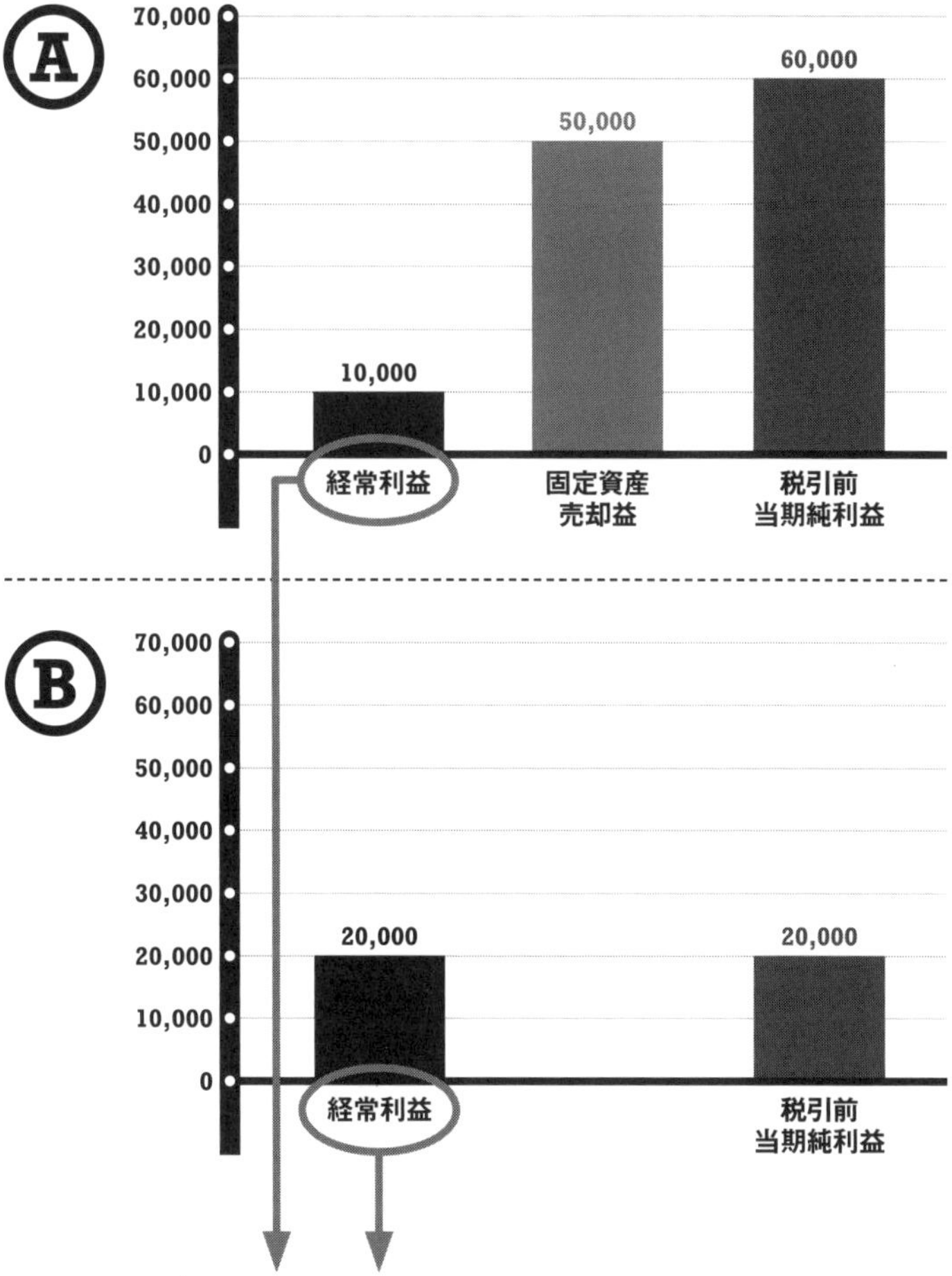

ポイントは経常利益！　ここを見る！

17

経営効率を高める2つの視点

□その資産は利益を生んでいるか？

B／Sの資産には、重要な論点が1つあります。それは、「利益を生んでいるか」「リターンがあるか」ということです。

なぜなら、**資産には利益を生まないものもある**からです。具体的には、次のような資産には要注意です。

・回収できそうにない売掛金
・売れない商品
・利益を生まない建物や土地（不動産）

こうした資産を持たないためにも、

・売掛金の早期回収
・在庫の圧縮
・ムダな不動産に投資しない、ムダな不動産は処分する

ということを行いましょう。利益を生む資産をどれだけ持っているかが、経営効率の良さにつながります。

□利益率か、回転率か

効率がいい経営には、次の2つがあります。**「利益率が高い商品を少数売ること」「利益率が低くても、数多く売ること」**です。

例えば高級レストランは、客単価が高いため、1日限定3組というように、回転率が低くてもいいわけです。

一方ラーメン店は、客単価が低いため、お客さんが回転しないとやっていけません。そのため、ラーメン店は座りにくく、狭い店舗が多くなっています。

効率を上げるには、利益率と回転率を考えましょう。

両方を上げなくても、どちらかを上げれば効率は上がります。むしろ両方を上げようとすると、中途半端なポジションとなりがちです。利益率を追求するのか、回転率を追求す

るのかを踏まえて、数字をチェックしましょう。

□会社の利益を総資本（総資産）で割ってみよう

別の視点から経営効率を見ていきましょう。85ページの図を見て下さい。Ⓐと Ⓑは、同じ利益の会社です。どちらが経営効率が良い会社といえるでしょうか。これは、より少ない資産で同じ利益を上げているⒷ社のほうが効率が良い経営をしているといえます（無論、資産の中身にもよります）。

経営効率を表す指標として、総資本（総資産）経常利益率（ROA＝Return On Asset）という指標があります。計算式は、**「経常利益÷総資本（総資産）×100（※）」**です。

※「利益」は、当期純利益や営業利益を使う場合もあります

※「総資本」は厳密には、期首と期末の平均値を使います

□ROA、まず10％を目指す！

この数値を前期と比較したり、同業他社と比較したりして、経営効率を把握することが重要です。「資産は多ければ多いほど良い」とはいえないわけです。資産を持たない（元手が少ない）経営は、分母である総資本（総資産）が少なくなるためROAは高くなります。

総資本経常利益率は、中小企業であれば10％を目指したいものです。

Ⓐと Ⓑ、効率のいい経営はどっち？

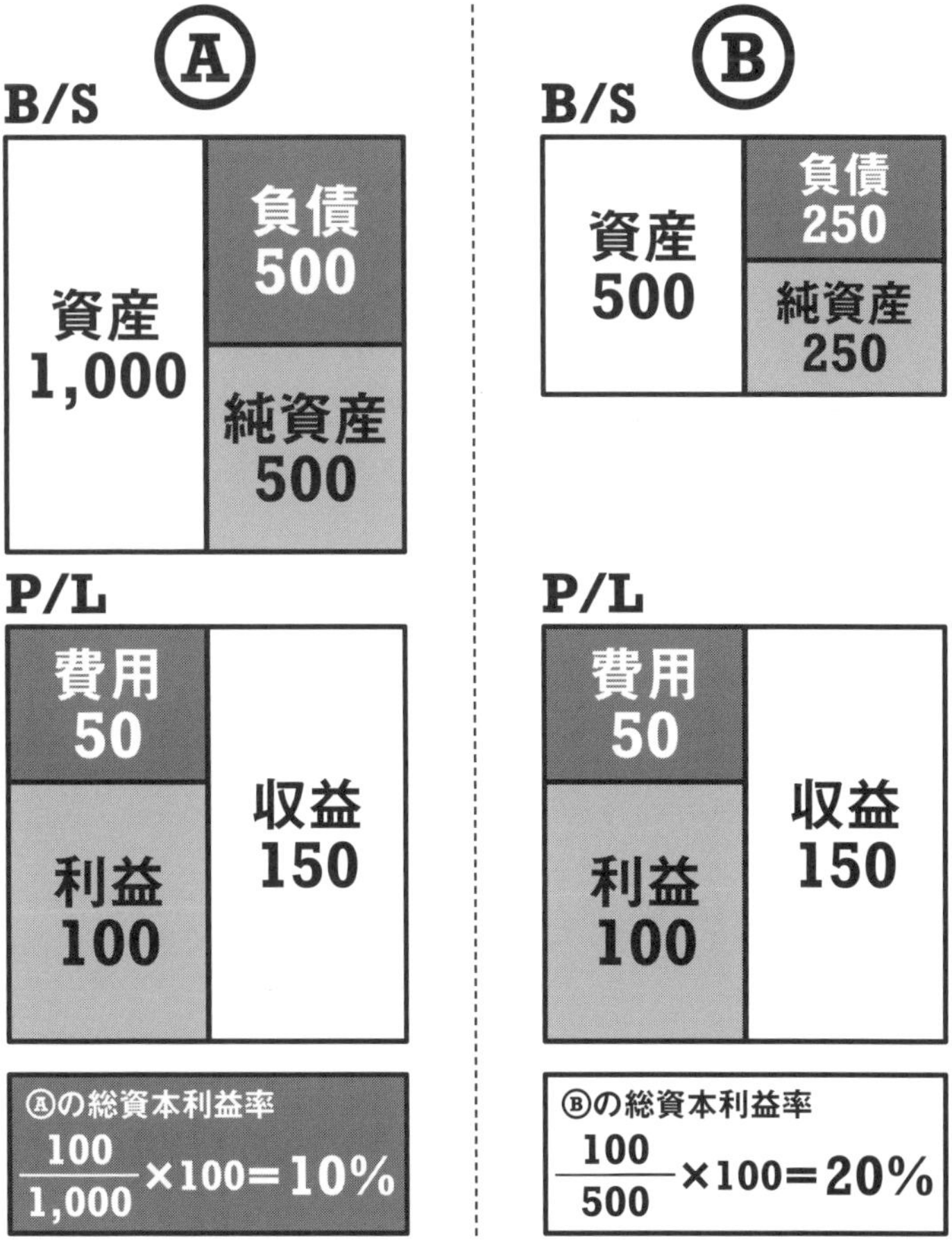

利益が同じなら、資産は少ないほうが効率的！

18 できる経営者ほど、負債を活用する

□買掛金、借入金を使いこなす！

資産家というと、現金、不動産や有価証券などの「資産」を多く持ち、いいイメージがあります。会社の「資産」も多ければ多いほど、良い会社というイメージがありますが、必ずしもそうではありません。

□負債の活用が、経営者の腕の見せどころ

逆に負債というと、「負債を抱える」「負債総額300億円で倒産」など、ネガティブなイメージがあります。しかし**経営上、負債はポジティブな側面もある**のです。

例えば、負債の1つである買掛金。これは、仕入れの代金をその場で支払わずに後日支払うときに出てきます。今日仕入れた100万円の代金を、来月の末日に支払えばいいのであれば、払うべき100万円を他のことに使えます。100万円の資金を一時的に調達

負債にマイナスイメージを持ちすぎない

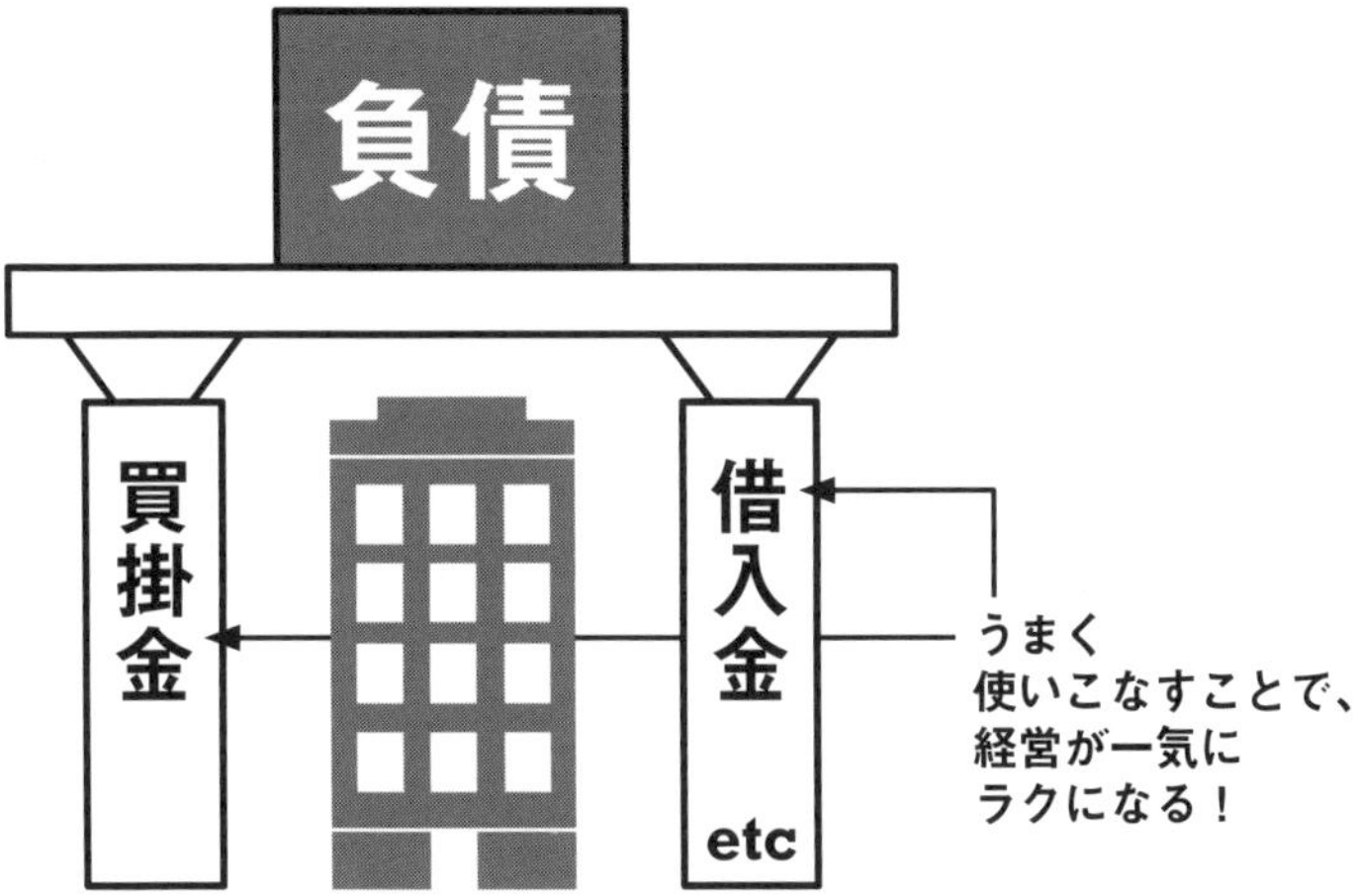

したのと同じことになるのです。

もちろん、支払い期限を迎えたものは支払うべきですので、契約で「当月末で締めて来月末に支払う」などと決めておくことが重要です。その契約を「当月末で締めて、翌々月末に支払う」とすることができれば、資金繰りはよりラクになるでしょう。こうした**合法的な先延ばしは資金繰りをスムーズにします。**飲み会の代金をカードで払うことと同じですね。税金も、原則として決算月の末日から2カ月後に支払えばいいものです。支払期日、支払金額をきちんと把握した上で、活用してみて下さい。

また、負債といえば、借入金があります。この借入金も当然資金調達の手段です。適正な金額を借りて、計画的に返済すれば大きなメリットがあります。事業を行う上で「お金を借りる」のは決して悪いことではありません。金利の低い今なら、次の5つの理由から、むしろオススメしています。

□借入金をオススメする5つの理由

①いざというときのために

「売上が急激に下がった」「取引先からの入金がない」といったことが起きても、すぐにはお金を借りることはできません。いざというときのために、ある程度資金に余裕を持たせておくべきです。

②金融機関に対する実績作り

金融機関は、返済実績を評価します。まったく融資を受けたことがない会社よりも、借入をして、きちんと返済している会社の評価が高くなります。借入の必要がなくても、返済実績を作っておくことをオススメします。

③時間を稼げる

借入をすることにより時間を稼ぐことができます。経営には、自社の方針を固めつつ、じっくりと基盤を作っていくための時間が必要です。借入による資金の余裕は、その時間を作ってくれます。新しいことに挑戦するときにも時間とお金は必要です。

④お金の管理能力を磨ける

借入をすると、まとまった金額のお金が一度に入金されます。しかし、そのお金は返さなければいけないお金です。当然、ムダに使ってはいけませんので、お金の使い方をコントロールする必要があります。さらに、計画を立てつつ、毎月返済していくことでも、お金の管理能力が磨かれます。

□ビジネスモデルを評価してもらおう

⑤ビジネスモデルを第三者に評価してもらう

金融機関が納得するビジネスモデルでなければ、借入をすることはできません。特に設立当初や新規事業は、自社のビジネスモデルを第三者に評価してもらういい機会といえるでしょう（頭の固い担当者に当たると苦労しますが）。ただ、ビジネスモデルが優れていても、借入をする必要がないと判断された場合、例えば、仕入れがない、設備の必要がないときは借入できないこともあります。

同様に、自社の数字を評価してもらうチャンスでもあります。

中小企業の場合、数字を公開する機会はほとんどありませんが、人に見せても問題ない数字は開示していきましょう。特に借入をしている場合は、金融機関に対して数字の報告を忘れないよう気をつけて下さい。

19 B／SとP／Lは、この8パターンで動く

□取引ごとの増減をつかんでおく

B／SとP／Lの概要を理解していただいたところで、次はその発展編です。

「B／Sの利益剰余金＝当期を含む、P／Lの今までの利益」が絶対に押さえて欲しいポイントではありますが、実はこれ以外にも、両者には関連性があります。

92ページから、「B／SとP／Lの動き方」について見ていきます。B／SとP／Lを縦に並べ、取引ごとにどのような増減があるかをまとめました。

□ほとんどの取引が、これでつかめる！

何かしらの取引があったら、「8つのパターンで数字が動く」と覚えておいて下さい。その8パターン以外にも、特殊なパターンは存在しますが、**取引の98％はこの8つ**です。

例えば、現金売上100があった場合、会計上は現金が100増えて、売上も100増

えます。会計とは、このように2つの側面から取引を表現するのです。

この場合、「B／Sの資産（現金）が＋100」「P／Lの収益（売上高）が＋100」となるわけです。売上高だけが100増えることもありませんし、逆に現金だけが100増えることもありません。

□給料の振込、これはどうなる？

もう1例考えてみましょう。「従業員への給料の振込」、これはどうなるでしょうか。

この場合は、「B／Sの資産（預金）がマイナス」「P／Lの費用（給料）がプラス」となるわけです。

92ページからの図のように、B／SとP／Lを縦に並べて、左と右に分けて考えて下さい。そして、この左と右は天秤にたとえると、常に釣り合っていなければいけません。

左と右の両方が増えるもの（パターン1、2、5）、左と右の両方が減るもの（パターン3）、両方とも増減しないもの（パターン4、6、7、8）があります。図でイメージをつかんでおいて下さい。

B/SとP/Lはこの8パターンで動く［1］

1　B/Sの資産　＋
P/Lの収益　＋

- 現金で売り上げた
- 掛けで売り上げた
- 助成金が入金された

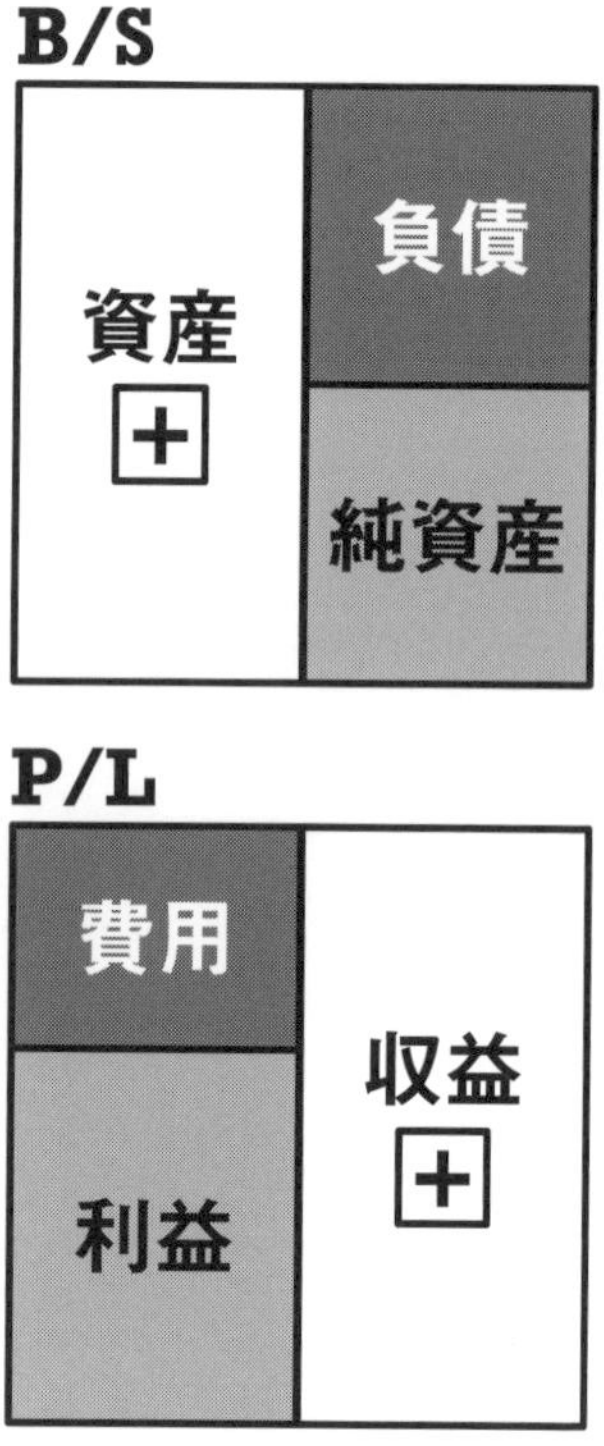

2　B/Sの資産　＋
B/Sの負債　＋

- 借入金が預金に入金された
- 前受金を現金で預かった

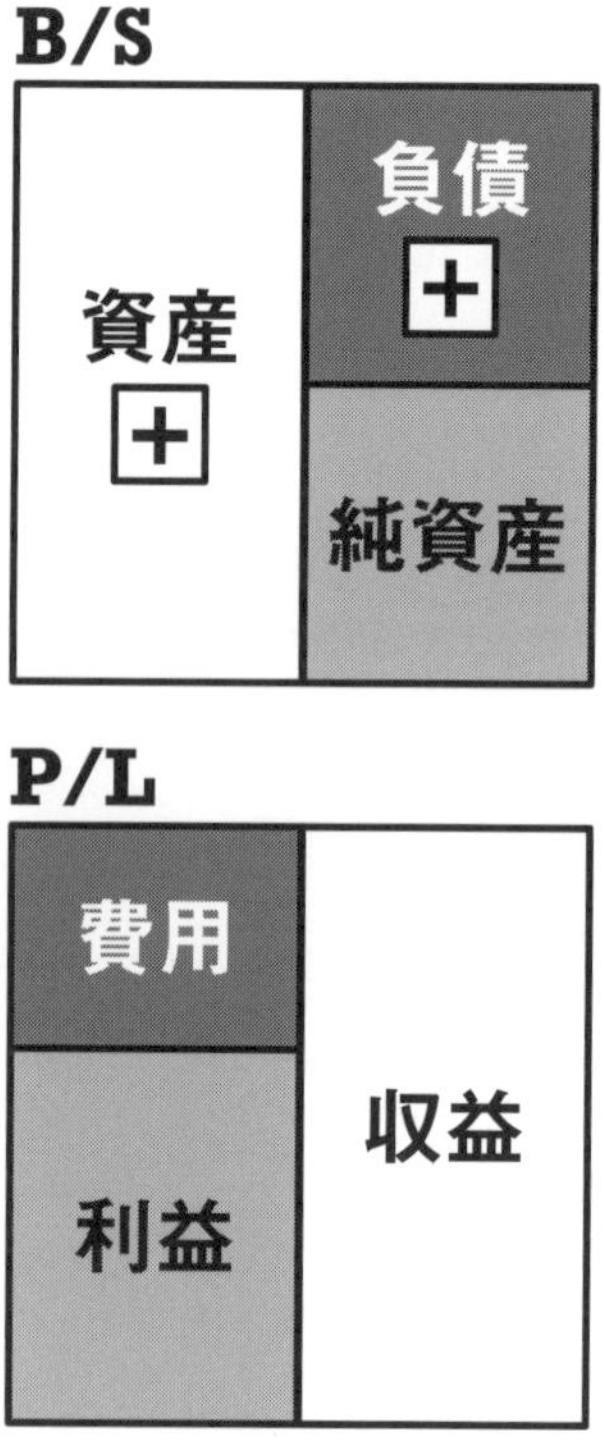

B/SとP/Lはこの8パターンで動く［2］

4　B/Sの資産　－　P/Lの費用　＋

- 消耗品を現金で買った
- 給料を振り込んだ
- 家賃を振り込んだ

B/S

P/L

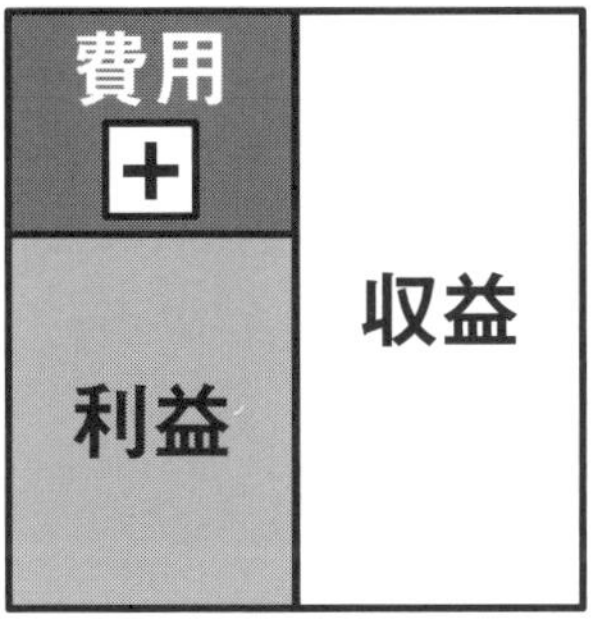

3　B/Sの資産　－　B/Sの負債　－

- 借入金を預金から返済した
- 買掛金（まだ払っていない仕入れ代金）を振り込んだ
- 源泉所得税を銀行で支払った

B/S

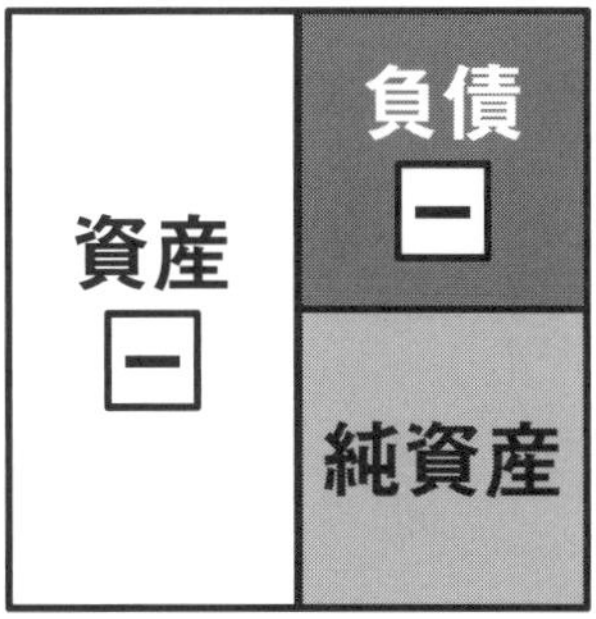

P/L

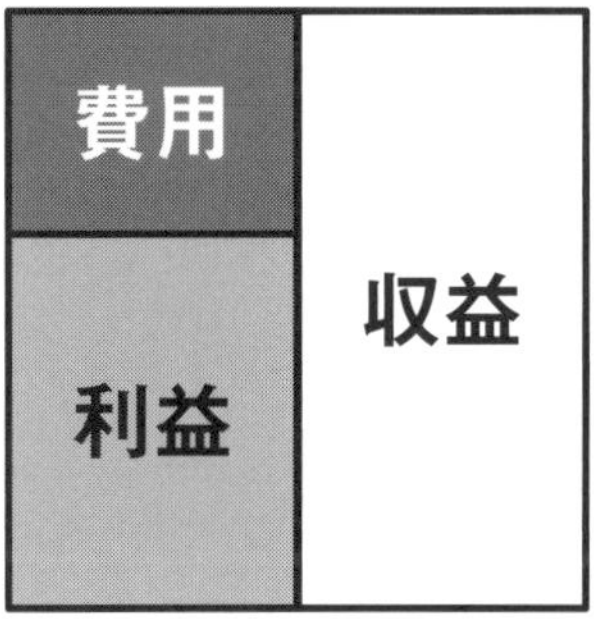

B/SとP/Lはこの8パターンで動く［3］

5 B/Sの負債 ＋
P/Lの費用 ＋

- 今月締め来月支払いの仕入れを計上した
- 給料を未払計上した
- 税金を未払計上した

B/S

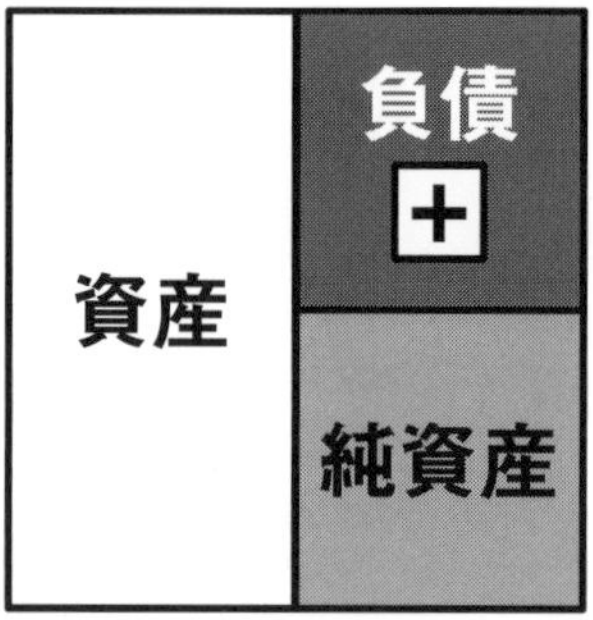

P/L

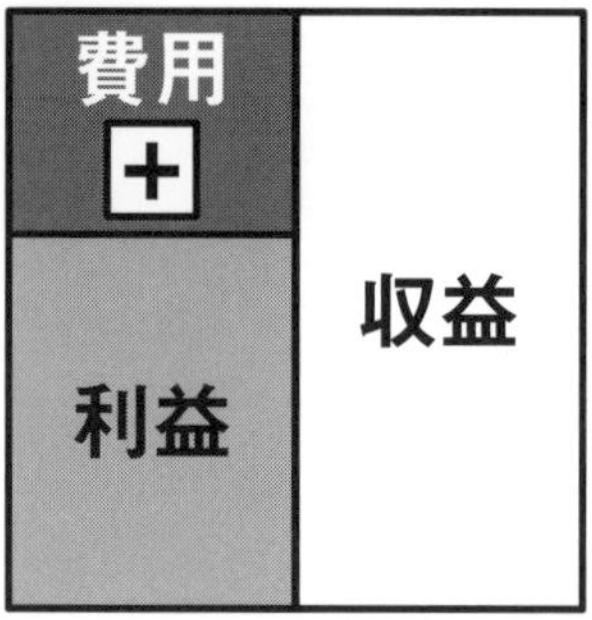

6 B/Sの負債 －
P/Lの収益 ＋

- 前受金を売上に振り替えた

B/S

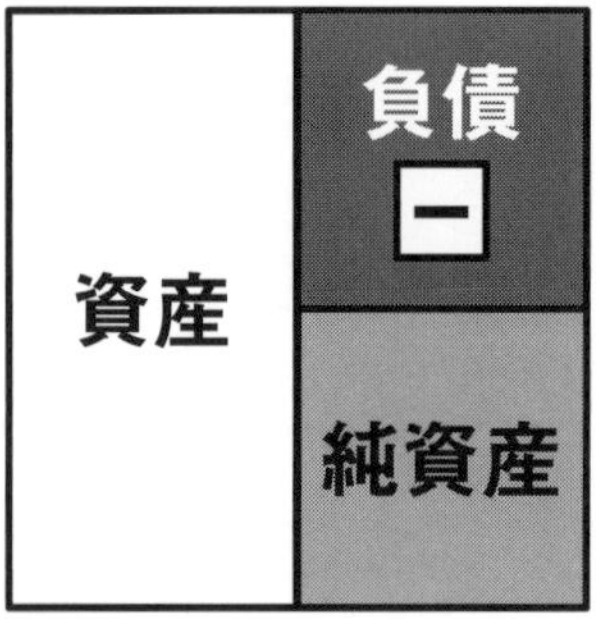

P/L

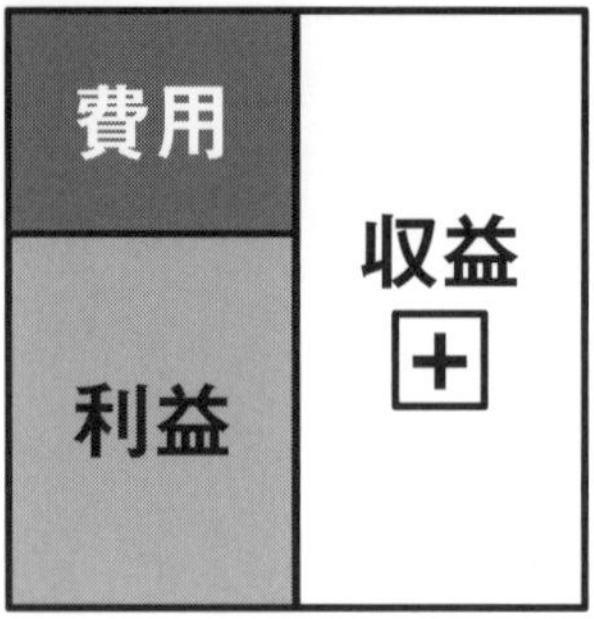

B/SとP/Lはこの8パターンで動く［4］

7 B/Sの資産の振替

- 口座の預金を振り替えた
- 現金を預金から引き出した
- 売掛金の入金があった

B/S

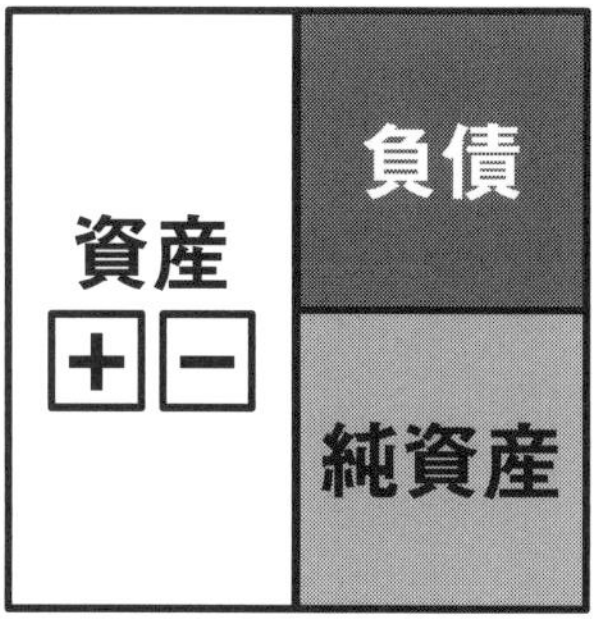

P/L

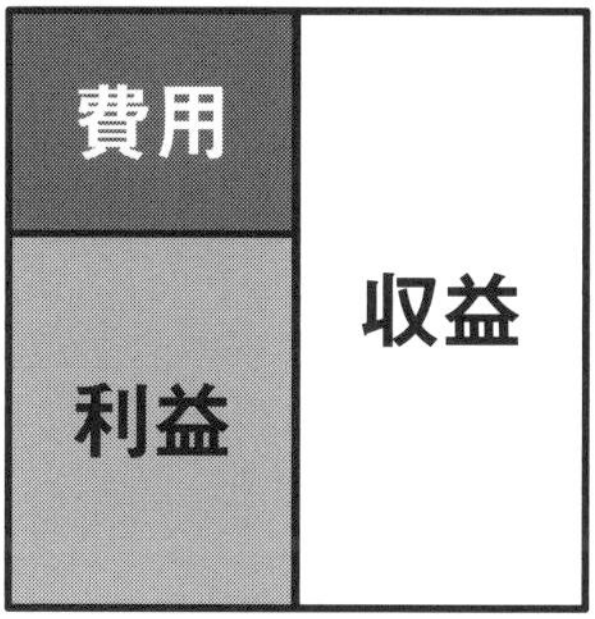

8 B/Sの負債の振替

- 買掛金を手形で支払った

B/S

P/L

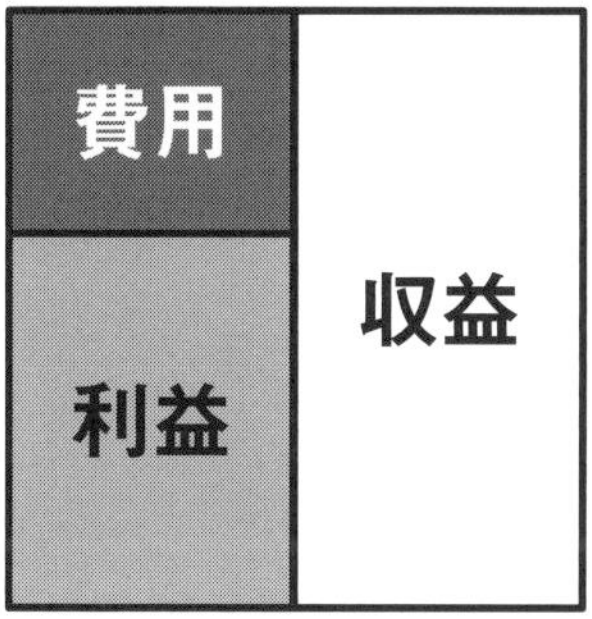

20

勘定科目をわかりやすくカスタマイズ！

□実は好き勝手に変えてもいい！

B／S、P／Lの読み方、しくみがわかったところで、多くの経営者の方がつまずく「勘定科目」についてお話しします。

当然のことですが、B／S、P／Lは日本語と数字から成り立っています。さっと眺めていただくと、数字はもちろん読めるでしょう。

ただ、問題は日本語のほうです。現金はともかく、売掛金、商品、仮払金、保証金、そして、支払手数料、法定福利費、消耗品費、事務用品費などなど。**「読み方はわかるものの、それが何を意味するのかがわからないものが多い」**のではないでしょうか。

・事務用品費と消耗品費は何が違うのか
・ガソリン代はどこに入っているか？

・交際費と会議費はどう分けているのか？
・支払手数料って何？
・雑費が500万増えているけど、どうして？

こうした疑問を持ったことはありませんか。

これらの日本語のことを勘定科目といいます。数字を集計する際に、便宜上、決められたものです。

例えば「通信費」には「携帯電話代、固定電話代、ネット回線代、郵送代、宅配便代」などが含まれています。これを決算書上で、「携帯電話代　5」「固定電話代　2」「ネット回線代　1」「郵送代　3」「宅配便代　8」と載せてもいいわけです。

ただ、そうしてしまうと決算書が煩雑になり見づらくなります。そこで、まとめて「通信費」として集計して表示しているわけです。無論、その中の1つである「携帯電話代」を分けて把握したい場合は分けてもかまいません。

□「昔からの習慣」で決められている

ここのポイントとしては、**「勘定科目は法律で決められているわけではない」**ということです。昔からの慣習や経理担当者の判断、税理士事務所の都合、会計ソフトの都合などから決められています。

しかし、会社の数字を経営に使うためには、社長がわかる言葉を使わなければ意味がありません。

□「勘定科目が読めない」をなくそう

実は、「試算表が読めない、わからない」のではなく、「勘定科目が読めない（意味がわからない）」というケースが多いのです。極端な話、「勘定科目は外国語」と最初は思ったほうがいいかもしれません。もちろん、外国語をそのまま読めれば問題ありませんが、現実的には日本語に翻訳したほうが読みやすくなります。勘定科目にも翻訳が必要なのです。

99ページの図を見て下さい。同じ会社のP／Lですが、勘定科目名が異なっています。

このように、**数字と根本的な分け方さえ間違ってなければ、どのように変更してもかまわない**のです。

なお、外部へ出す決算書と内部の経営に使う勘定科目は別々でかまいません。通常使う内部用の勘定科目は経理担当者と相談しつつ、好きなように決めておきましょう。

勘定科目の変更は手間がかかることなのですが、「社長が数字を把握しやすいかどうか」のほうが大事です。一度、勘定科目の変更にどれくらい手間がかかるかを聞いてみるといいでしょう。

勘定科目は何でもいい！

売上高	1,000
売上原価	400
売上総利益	600
人件費	100
社会保険料	30
営業交通費	25
通勤定期代	10
PC代	5
オフィス家賃	20
倉庫家賃	30
税理士報酬	10
携帯電話代	7
郵送代	4
固定電話代	6
販売費及び一般管理費 計	247
営業利益	353

自社内の
わかりやすい
言葉でOK！

売上高	1,000
売上原価	400
売上総利益	600
給与手当	100
法定福利費	30
旅費交通費	35
消耗品費	5
地代家賃	50
通信費	17
雑費	10
販売費及び一般管理費 計	247
営業利益	353

21

勘定科目に「雑費」は使わない

□便利だけど、明細がわからなくなる

勘定科目に「雑費」という科目があります。経理処理をする場合、勘定科目がわからない、判断ができないときは、何でもかんでも「雑費」にしてしまいがちです。前項目で、「勘定科目は好きなように決めていい」と言いましたが、その唯一の例外が「雑費」です。

１０１ページの図、Ⓐを見て下さい。前期比較でこのような場合、どう判断できますか。雑費が４８０万円増えていますが、その明細はわかりません。再度調べなければいけなくなります。何でもかんでも「雑費」にしていればラクなのですが、経営上は意味がありません。

雑費を使うのを禁止にして、何らかの科目に振り分けてもらいましょう。Ⓑのように振り分けておくと、問題点が一目でわかります。私は自社だけではなくお客さまの経理上も「雑費」を使わないようにしています。

何でもかんでも「雑費」にしない！

A

	当期	前期	差額
雑費	8,800,000	4,000,000	4,800,000

どうして
こんなに増えたか
わからない…
?

B

	当期	前期	差額
支払報酬	100,000	100,000	0
カード手数料	5,800,000	3,000,000	2,800,000
振込手数料	800,000	690,000	110,000
消耗品費	2,100,000	120,000	1,980,000

カード手数料と
消耗品費が
原因だったのか！
!!

22

税理士オススメ！勘定科目の賢い分け方

□税理士ならではのオススメセオリー

法律上、「この勘定科目にしなければいけない」という規定はなく、基本的には会社の好きなように決めてかまいません。とはいえ、会計データを見たときに**「この科目には○○が入っている」とわからなければ意味がありません。**私の考えているオススメのセオリーをお教えします。

・給料、交際費、消耗品費は分ける（税務上、特殊な取り扱いをするため）
・消費税の課税対象かどうかで分ける（法定福利費、租税公課など絶対に課税対象外となるものは分けておいたほうがチェックしやすい）
・雑費は極力使わない（何でもかんでも入れてしまうので）
・細かく分け過ぎない（金額が小さなものはまとめてしまう）

・日々の管理に使う勘定科目と決算書に使う勘定科目は別々でもいい（決算時にとりまとめればよい）
・判断に迷うような分け方をしない
・継続して同じ勘定科目を使う
・毎月数字の推移を見たいものは分ける
・金額の大きなものは分ける
・毎月定額のもので金額の大きなものは分ける（家賃など）

また、細かく見るだけではなく小計を見たいケースもあります。例えば、「役員報酬」「給料手当」「賞与手当」「法定福利費」とあった場合に、これらを小計して「人件費」を作っておくと便利です。人件費全体の推移を見たり、比較ができたりします。

□勘定科目を変えるときに起こるトラブル

「勘定科目の基準を変える」となると、「前期との比較ができない！」という話になる可能性があります。確かに私のお客さまで次のようなケースがありました。

事務用品費と消耗品費で分けていた科目を、消耗品費に統一しようとしたときのことです。

2つの科目の区分はあいまいで、経理担当者もどちらにするか判断に迷うことが多かったため、まとめて表示することにしました。

こうすると会計ソフト上は、「今期は消耗品費のみ、前期は事務用品費と消耗品費」となってしまいます。

この場合、勘定科目を変えたということがわかっていれば問題ありませんし、必要あればExcelで加工できます。前期比較ができないという理由だけで、勘定科目の基準をずっとそのままにしておくのは得策ではありません。1年だけ我慢すると考えて、思い切って変えてしまいましょう。

□他にもオススメの分け方

こんな勘定科目の分け方もできます。

①交通費（旅費交通費）

移動交通費（営業交通費）と通勤交通費に分ける

電車、タクシー、ガソリン代で分ける

②接待交際費

税務上経費にならないものを接待交際費、それ以外を会議費にする

接待なら接待交際費、会議なら会議費にする

③支払手数料

振込手数料とカード手数料に分ける

□わかりにくい勘定科目の攻略法

最後に、一見わかりにくい勘定科目について見ていきます。ざっくりと意味をつかんでおいて下さい。

・法定福利費→社会保険料（健康保険、厚生年金、雇用保険料、労働保険料等）の会社負担分
・租税公課→印紙税、自動車税、固定資産税などの合計
・法人税、住民税及び事業税等→中間申告の税金（法人税、都道府県民税、市町村民税、事業税等）、確定申告の税金（今期分で来期払う分）※仮払金等の別の科目にある場合もあります。
・仮払消費税→経費に関する消費税で、売上に関する消費税（仮受消費税）と通算して未払消費税にします。例：仮払消費税１００、仮受消費税５００→未払消費税４００
・預り金→給料を支払ったときに天引きした源泉所得税、住民税、社会保険料の従業員負担分など

23 「決算書が読める！」をゴールにしない

□そもそも決算書は年1回しか見ない

ここまででB／S、P／Lについての理解をかなり深めることができたかと思います。しかし、それで満足してはいけません。経営に活かすにはこれからが本番です。会社の数字を把握するには、決算書を読む力が欠かせません。決算書、つまり「B／SとP／L」の読み方を勉強された方、勉強されている方も多いでしょう。

しかし、会社の決算書を見る機会はどのくらいあるでしょうか。

ほとんどの場合、中小企業の決算書は年に1回だけ作成されます。そもそも決算書は、主に外部（税務署、金融機関、取引先など）向けの資料です。

その決算書を確認するのも、年に1回という方がほとんどではないでしょうか。**会社の数字を把握する機会が年に1回というのは少なすぎます**し、意思決定も遅れてしまいます。少なくとも毎月、場合によっては毎日、数字を確認する必要があるのです（業種や規模によって必要な頻度は異なります）。

□「毎月の数字」こそ、大切な経営材料

会社の数字をつかむには、**年に1回の決算書（B／S、P／L）を読む力に加えて、毎月の数字を読む力も必要**です。具体的には、

・毎月の数字はどういう意味を示しているのか？　どう比較すればいいのか？
・B／Sの資産や負債をどのように管理していくのか？
・毎月の資金繰りをどう考えればいいのか？
・利益に対して税金がどのくらいかかってくるのか？
・もっと早い時期に数字を把握するにはどうすればいいのか？

といった知識が欠かせません。次章以降では、B／SとP／Lの数字を経営に活かす方法について見ていきます。

第3章

できる社長は、「数字」をこう見る！

Keyword

経営分析

24 分析の基本は、「細かく」「比べる」こと

□分析に「特別な知識」は必要ない！

ここからは、B／S、P／Lから読みとった数字を、いかに経営に活かすかについてお話ししていきます。

「数字の分析」というと、一見難しいことのように思われます。しかし、それは誤解です。頭を使って考えるというよりも、ほとんどの場合、数字を「細かく」「比べる」ことのほうが必要になってきます。

111ページの図を見て下さい。ある会社の売上データを新規・既存顧客別に細分化して比べたものです。売上金額だけを見ていても何もわかりませんが、売上を「細かく」して「比べる」ことで、変化に気づくことができます。そしてその**変化にこそ、会社の問題点や今後の課題が隠されています。**

また、単純に「売上」といっても、

分析の基本は「細かく」「比べる」

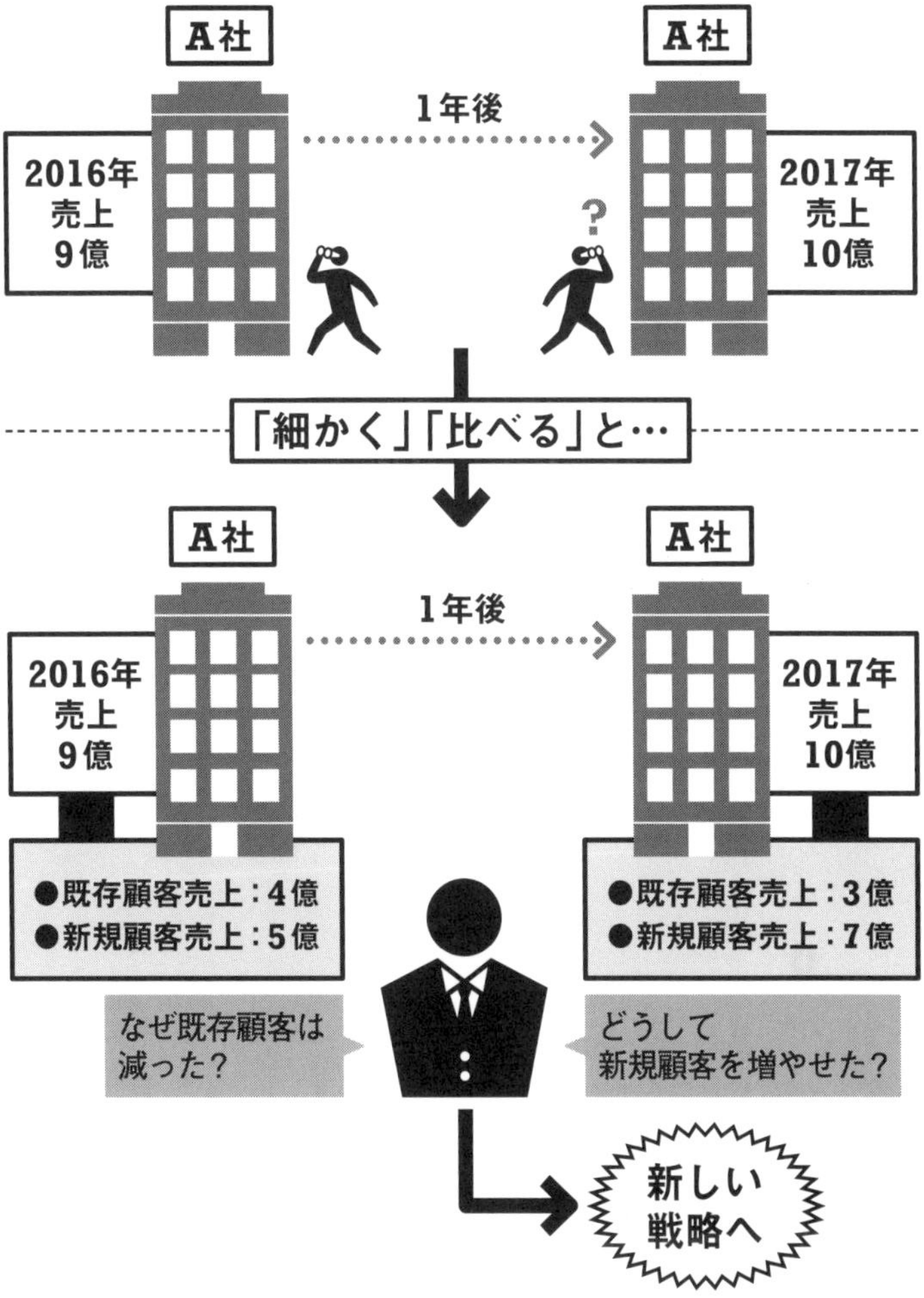
A社
2016年
売上
9億
1年後
A社
2017年
売上
10億
?
「細かく」「比べる」と…
A社
2016年
売上
9億
1年後
A社
2017年
売上
10億
●既存顧客売上：4億
●新規顧客売上：5億
●既存顧客売上：3億
●新規顧客売上：7億
なぜ既存顧客は
減った？
どうして
新規顧客を増やせた？
新しい
戦略へ

「月別売上」「部門別売上」「顧客別売上」「新規・既存別売上」「チャネル別売上」「支店別売上」「商品別売上」「担当者別売上」などと分けることができます。

そして売上高は、「売上単価×個数」に分解できるので、「売上単価を上げる戦略」と「個数を上げる戦略」と、分けて考えることが可能です。

こうして数字を細分化し、比べれば、新しい発見があるでしょう。

□この5つの「比べ方」を知っておく

「比べる」について、詳しく見ていきましょう。数字は単独で見ていても意味がありません。次の5つの比較をオススメしています。

①前年同月比較

前年同月と比較しましょう。単月のみの比較と累計の比較があります。両方を見て、異常がないかを常にチェックしましょう。

②同業他社比較

「同業他社の数字が知りたい」という声を聞きます。確かに同業他社の数字が参考になることもあります。しかし、ビジネスの形態が多様化している現代では、完全に「同業」ということも少なくなってきています。現に同業他社のデータには、昔からある業種しかなく、新しく生まれた業種のデータはほとんどありません。また、同業他社と差別化しようとしているのに、比較を気にし過ぎても仕方ありません。あくまで目安と考えましょう。

③予算との比較

やはり重要なのは自社との比較です。自社との戦いに勝ってこそ意味があります。その自社との比較には、前述の前年同月とともに、予算との比較があります。自分が決めた予算（目標）を達成できるか、さらに高い予算（目標）を達成できるかを目指しましょう。

④月別推移

月別に比較することを一般的に「推移」といいます。この推移を見ると、正しく数字が記録されているかをチェックできます。ある月だけ数字が大きい、小さいということがあれば、経理担当者に確認しましょう。金額だけではなく、率も重要です。「粗利率（売上総利益÷売上高）」「営業利益率（営業利益÷売上高）」の2つは必ずチェックします。

⑤年別推移

年別に推移表を作ってみるのもいいでしょう。会計の世界は1年で区切られますが、経営上区切りはなく継続していくものです。これまでの実績（B／S、P／L）を10年分ほど並べてみましょう。中期的な推移を見て、わかることも多くあります。会計ソフトにはこういう機能がなく、また経理にもその視点がありません。せいぜい前期との2期比較、前々期を含めた3期比較までなのです。単月の数字を見ただけではわかりにくかった業績の傾向を明らかにしていきましょう。

25 大きな数字も、小さく割るとわかりやすい

□「1人あたり」「1日あたり」で考えてみる

B／SもP／Lも数字を小さく割るとわかりやすくなります。115ページの図を見て下さい。年商1億円の会社を例として、売上高を次のように分けてみましょう。

①1カ月あたり

1年は12カ月ですので、年商を12で割ってみましょう。年1億円の売上だと、1億円÷12＝約830万円です。

②1日あたり

1日あたりで割ってみてもいいでしょう。年1億円の売上だと1日（年を365日に換算）あたり約27万円です。営業日（230日とします）で割ると、約43万円です。

③1時間あたり

1時間あたりで割ると、より生産性が明らかになります。年1億円の売上だと、1時間

大きな数字も、小さく割るとわかりやすい

Case 年商1億円の会社

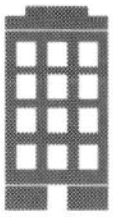

1カ月あたり	1億÷12＝約830万円
1日あたり	1億÷365＝約27万円
1人あたり （従業員10人とする）	1億÷10＝1,000万円

あたり（年２３０日、１日８時間とします）約５万４０００円です。

④1人あたり

従業員１人あたりで割ってみます。年１億円の売上で従業員10人だと、１人あたり１０００万円です。

いかがでしょうか。同様に、売上総利益（粗利）、経常利益、預金、借入金などを割ってみましょう。大きな数字だと実感がわきにくいものですが、こうすることで、各々の数字を身近に感じられます。

中小企業の場合、「１人あたりの粗利１０００万円」をまず目指しましょう。この数値を達成するには、分子の粗利を増やす方法、分母の人数を減らす方法があります。

26 わかりやすいグラフ、オススメの3つ

□グラフにすると、一瞬でつかめる！

ここではグラフについて考えていきます。数字の羅列では、情報量が多く、見ていて嫌になってしまいます。一目でわかるグラフを活用しましょう。

私は、数字だらけの表は非常に見にくいためほとんど使っていません。お客さまにお見せする資料にはグラフをよく使います。グラフにすると意外な事実がすぐにわかるからです。大きな差異や増減も一目瞭然となります。

ここでは、私がよく作成する3つのグラフをご紹介します。117ページを見て下さい。**「3期比較グラフ」「予算達成グラフ」は業績の管理に、「キャッシュフローグラフ」はお金の管理にオススメ**ですので、主要な数値を入れて、グラフを作ってみましょう。もちろん手書きでもかまいませんが、Excelで作ったほうが速くて便利です。

会社の数字は、この3つのグラフで見る

① 3期比較グラフ

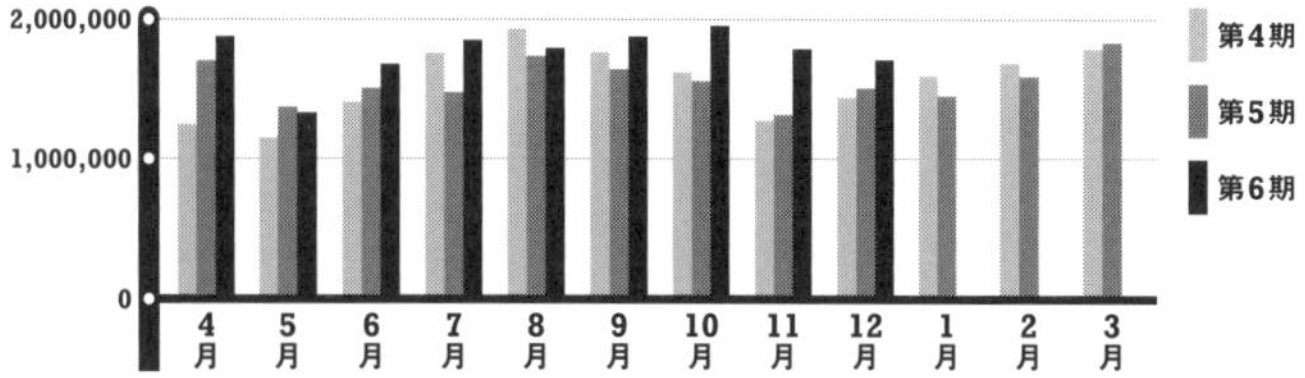

② 予算達成グラフ

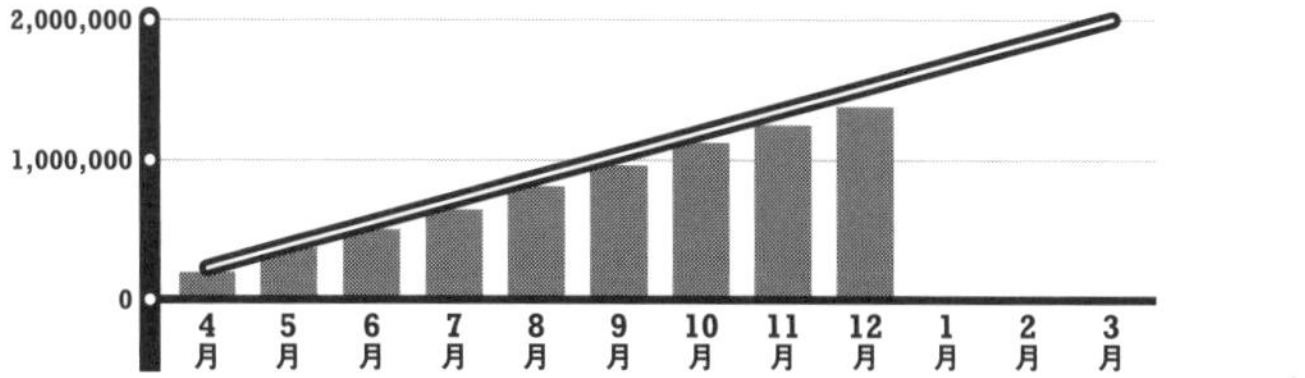

③ キャッシュフローグラフ

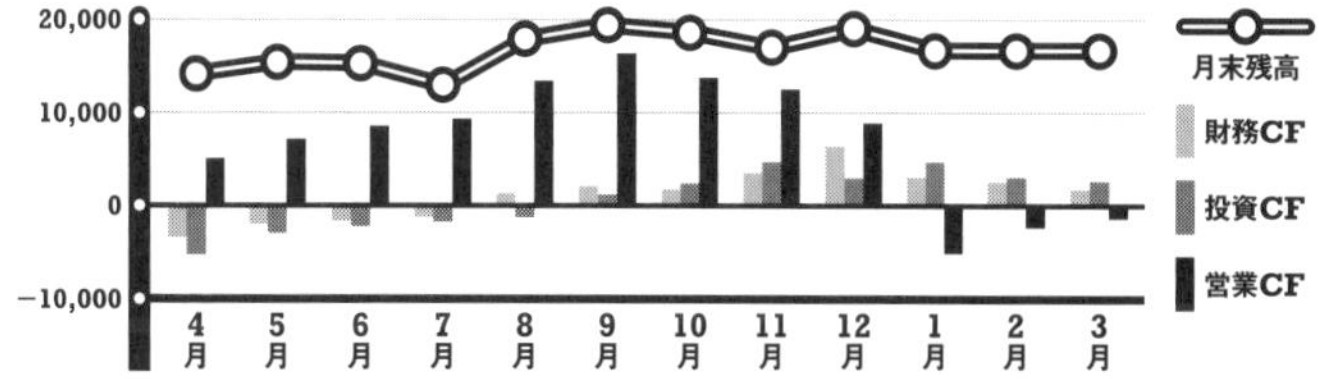

27 「移動年計」で会社の異常値がすぐわかる！

□単月ではなく、「傾向」でとらえる

決算は通常年1回です。月次、四半期、中間決算をやるケースもありますが、いずれも1年未満を対象としています。1年間という期間で考える機会は意外と少ないのです。

多くの場合、1年の中で「業績がいい月」と「業績が悪い月」があります。例えば、「2月、8月に売上が下がるケース」「3月に売上が多くなるケース」などがあるのではないでしょうか。

こうした数値変動の傾向をとらえる手法があります。これを移動年計といいます。移動年計では、4月に前年5月～当年4月の数字、5月に前年6月～当年5月の数字というように、直近12カ月の合計を比較します。こうすることで、単月の数字では見えにくい異変を察知しやすくなるのです。

この数字が徐々に下がってくる場合は要注意です。異変が起きている可能性があります。

数字は移動年計で見る！

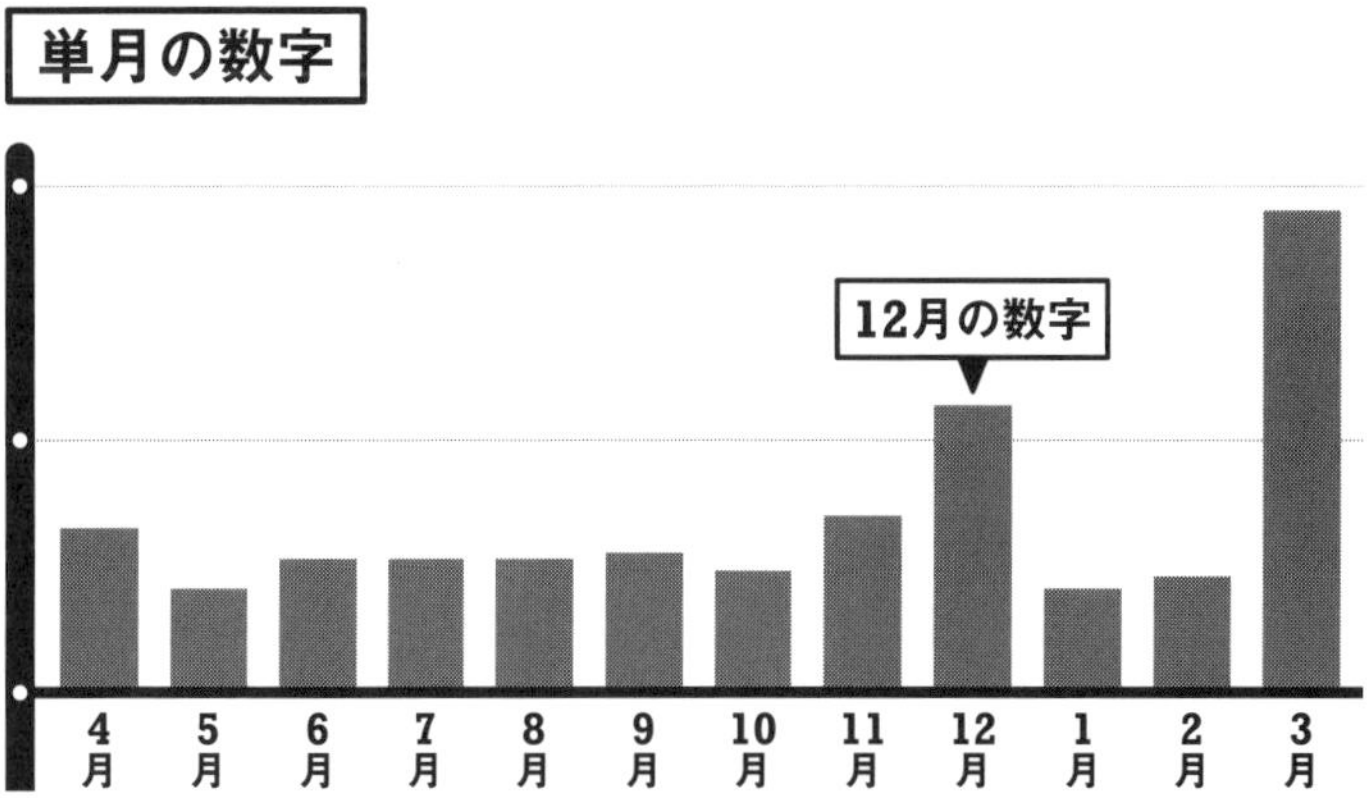

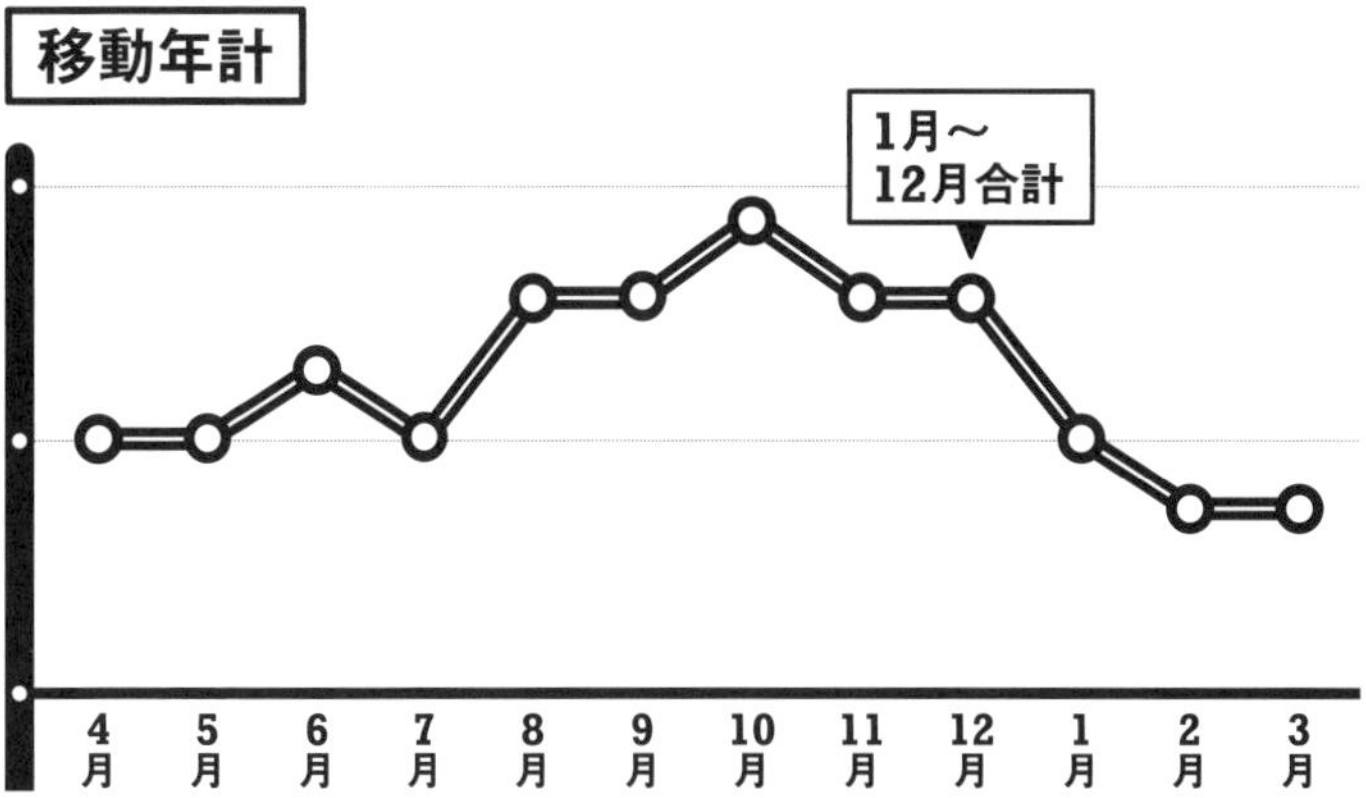

**直近12カ月の傾向がわかるので、
異変に気づきやすい！**

体の異変と同様に、会社の数字の異変も早期発見を目指しましょう。早めに気づくことで有効な手を打つことができるからです。通常の決算では、1年に1回健康診断をやっているようなものですが、移動年計では、毎月、健康診断をやるような形になります。

□移動年計のオススメの使い方

移動年計を作るには、最低でも2年分の数字が必要です。売上高の他、粗利、固定費、経常利益でも移動年計を作ることができます。また、取引先別売上や担当者別売上、商品別売上などで移動年計を見るのも有効です。特に担当者別売上は、常に過去12カ月で評価できますので、**決算月が近くなり、目標を達成したことで気を抜きがちな担当者への刺激**になります。

□あるクライアントの成功例

私のクライアントのエステサロンでは、やはり季節的な変動がありました。そこで、売上種別売上（痩身、脱毛、フェイシャル）や商品別売上に移動年計を活用されています。実は、ある分野の売上が上がっていたり、下がっていたりするのです。その結果を踏まえて、次の手を打っていらっしゃいます。

社長自身が数字を把握され、活用されている好例です。

移動年計のオススメの使い方

担当者別の移動年計（売上）

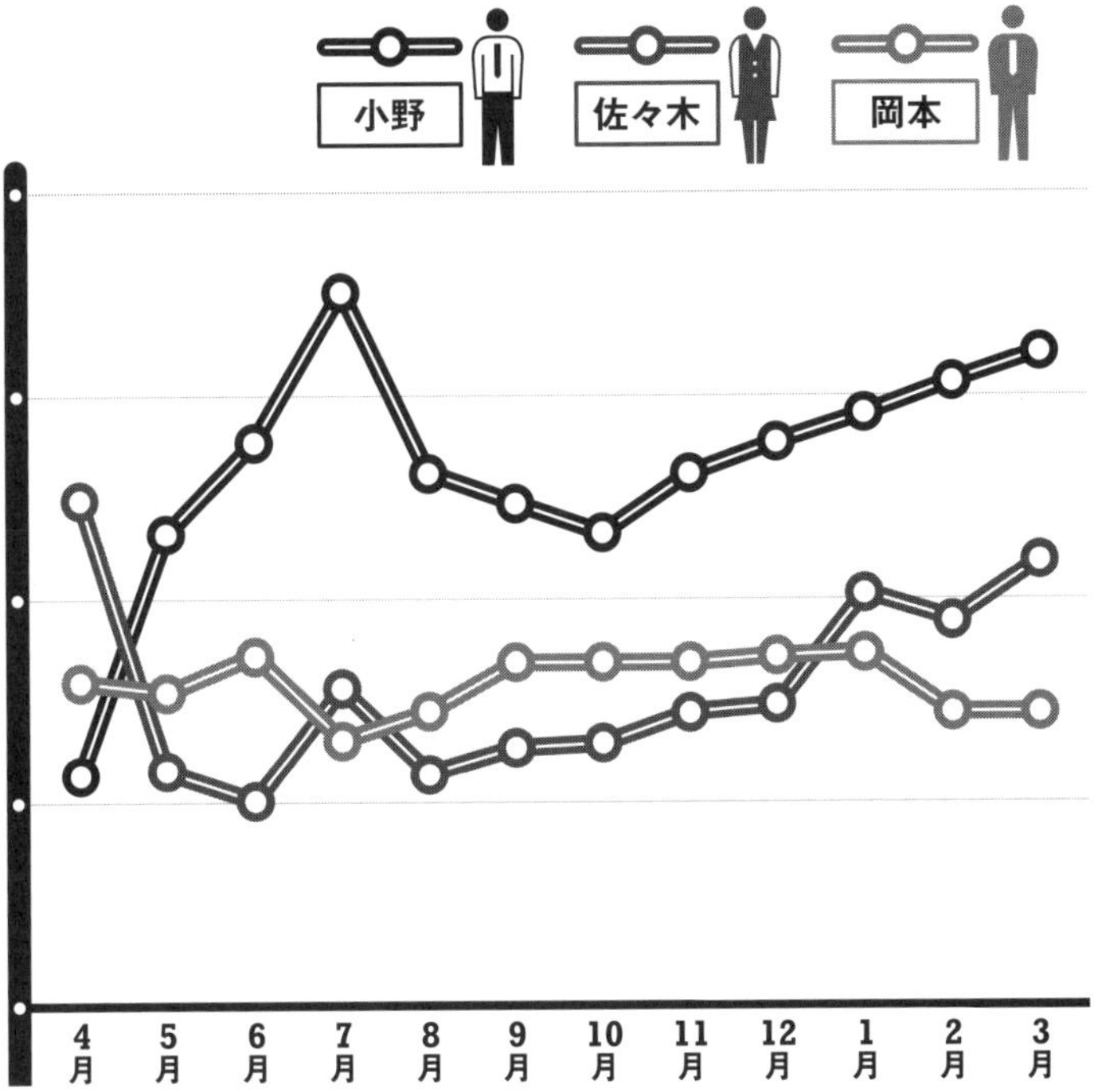

常に過去12カ月で評価するので、「決算月が近くなり、
目標を達成したことで気を抜きがちな担当者」にも刺激になる

**他には「商品別」「部門別」「店舗別」
などがオススメ**

28 決算予測・納税予測のコツ

□決算時の売上、利益、納税額をチェック

決算予測とは、このままいくと決算時にどうなるかを数値で表現するものです。実績月までは実際の数字を入れて、実績月の翌月から決算月は予測値を入れます。予測は、前年の数値やこれまでの推移で入れましょう。

例えば、売上高の予測値が1億9000万円、目標売上高が2億円だった場合、あと1000万円の売上が足りないということがわかりますので、対策を立てやすくなります。

□納税予測にも使える

123ページの図のように、売上や経常利益をチェックしつつ、さらに納税額を予測するとより効果が高くなります。予測した利益をもとに納税額も予測できるからです。納税額が多過ぎるときは適切な節税対策をやっていきましょう。**決算ぎりぎりだと、できるこ**

決算予測のポイント

売上が目標通りか見る

実績（2018.4〜2018.12）　予測（2019.1〜2019.3）

	2018.4	2018.5	2018.6	2018.7	2018.8	2018.9	2018.10	2018.11	2018.12	2019.1	2019.2	2019.3	合計
売上高	34,497	32,481	35,708	37,603	35,575	32,553	32,601	29,132	25,627	30,000	30,000	30,000	385,775
売上原価	24,148	23,061	26,781	26,322	24,902	22,461	23,146	21,266	18,451	20,880	20,880	20,880	273,180
売上総利益	10,349	9,419	8,927	11,281	10,672	10,091	9,454	7,866	7,175	9,120	9,120	9,120	112,595
給料手当	3,583	3,599	3,599	3,599	3,599	4,459	3,599	3,599	3,599	3,599	3,599	3,599	44,030
法定福利費	561	425	427	569	429	413	782	419	425	425	425	425	5,727
福利厚生費	12	84	190	24	24	34	26	12	16	16	16	16	469
接待交際費	94	98	54	224	28	287	100	48	118	118	118	118	1,403
旅費交通費	110	122	130	116	112	150	136	190	132	132	132	132	1,591
通信費	120	102	146	134	170	170	0	116	144	144	144	144	1,531
保険料	222	687	222	132	327	383	196	196	196	196	196	196	3,146
水道光熱費	246	246	267	279	259	279	293	329	335	335	335	335	3,541
消耗品費	46	886	66	104	567	148	56	82	48	48	48	48	2,146
修繕費	0	0	24	66	88	112	22	0	22	22	22	22	399
租税公課	689	154	158	248	126	122	112	100	46	46	46	46	1,890
支払手数料	180	898	188	179	181	202	197	195	184	184	184	184	2,956
減価償却費	1,086	1,086	1,086	1,086	1,086	1,086	1,086	1,086	1,086	1,086	1,086	1,086	13,030
リース料	840	840	840	840	840	840	840	840	840	840	840	840	10,084
販管費 計	7,786	9,226	7,395	7,598	7,836	8,685	7,444	7,211	7,190	7,190	7,190	7,190	91,942
営業利益	2,563	194	1,532	3,683	2,837	1,406	2,010	654	−15	1,930	1,930	1,930	20,653
営業外収益	0	0	0	0	0	0	0	0	0	0	0	0	0
営業外費用	675	792	1,242	904	595	685	681	647	689	689	689	689	8,974
経常利益	1,888	−598	290	2,779	2,242	722	1,329	8	−703	1,241	1,241	1,241	11,680

利益から納税額を予測する

とも限られてきます。

「予測なんてできない」と思うかもしれませんが、やってみないと予測の精度はいつまでたっても高まりません。ゴルフをやったことがない人が、「うまくピンに寄せられないからゴルフはやらない」といっているようなものでしょう。

Excelでフォーマットを作れば、試行錯誤しながら数値を入れてみることができるのでオススメです。**高価な経営管理ソフトは必要ありません。**

この予測はすべてのクライアントで導入させていただき、決算賞与や社員旅行、設備投資などの意思決定を行っていただいております。

29

「前年比アップ」にこだわるな！

□予実管理をどのように行うか

経営計画というと、「うちには必要ない」「先のことなんてわからないから意味がない」という声をよく聞きます。

しかし、大まかなものでも構いませんので、売上目標、利益目標はあるべきです。私自身、すべてのクライアントで経営計画のサポートをしています。目標を設定するときに、数値を掲げるのと、掲げないのとではその達成度合いが異なってきます。

例えばダイエットのように、目標を設定すると、その目標を達成するために努力するものです。ビジネスも客観的な数値目標があると、その目標に向かって数字が伸びていきます。

とはいえ、社長が立てた経営計画と実績は当然違ってきます。**経営計画は、自分の計画と実績をぴったり合わせることが目的ではありません。**自分の計画と実績の差異を把握するためです。差異があれば、その理由を考えてみましょう。例えば、以下のような理由です。

・計画が甘かったのか、厳しかったのか
・予想外の異変があったのか
・外部環境の変化があったのか

自分の感覚と実際の数字を合わせるトレーニングと思って下さい。続けているうちに計画の精度は徐々に上がっていきます。目標は、「その通りいかないから役に立たない」のではなく、「その通りいかないからこそ役に立つ」と考えて下さい。

□計画を立てるときに、前年比はあまり意識しない

また、計画を考える際には「前年比10％アップ」などと考えずに、ゼロから考えるようにしましょう。費用については前年が参考になりますが、**売上については過去の数値にとらわれてはいけません。**時代の変化とともに、ビジネスも変わっていくからです。すぐに考えられるものではありませんので、計画を立てるには、決算月の半年前くらいからとりかかりましょう。

30 簿記知識、ここだけは知っておく！

□最低限の知識は必要

「簿記の知識は必要ありません」と言いたいところですが、やはり簿記知識は必要です。**「借入金を返すと節税できる?」**。**この質問に正しく答えるには簿記の原理が必要**なのです。「?」と思った方は逆を考えてみるといいでしょう。

「借入をしたとき、税金がかかりましたか?」

お金を借りたのに、税金がかかっては意味がありません。借りたときに税金がかからなければ、返すときにも税金はかからないはずです。

簿記については、竹中平蔵さんが著書の中で、「簿記3級が完璧に分かれば、経済全体が分かるということなのです」と言っておられます。

ただし、何も簿記検定を受ける必要はありません。基本書を読みつつ、自社に合わせて経理担当者に聞けばいいのです。自分ごとで勉強したほうが身につくスピードは速くなり

簿記の原理、ここが大事！

Case 1,000円の本が売れたとき

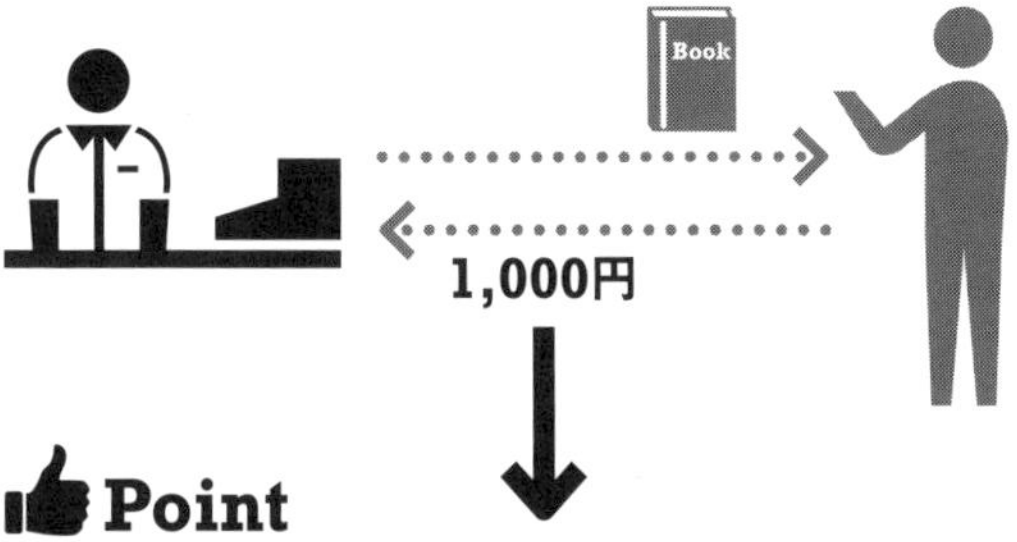

Point

●現金が1,000増えた ⇨ B/Sの資産へ
●売上が1,000増えた ⇨ P/Lの収益へ

ます。

簿記の原理を知っていれば、経理担当者と共通言語ができます。簿記の原理のうち最も重要なものをお伝えしますので、覚えておいて下さい。

それは「２つの視点から取引を記録する」というものです。

例えば、現金１０００円の売上があった場合、簿記では、

・現金が１０００増えた
・売上が１０００増えた

という２つの表現をします。どちらか一方ということはありません。まずはこれを頭に入れておきましょう。

31

ROT（時間の投資効率）も考えよう

□時間こそが最大の財産

会社経営で、忘れないでいただきたい数字があります。それは時間です。時間は決算書に表れませんし、ついついおろそかにされがちでしょう。お金を投資して、どのくらいのリターンがあったかを示すROAとともに、時間を投資して、どのくらいのリターンがあったかを示すROT（Return On time）を意識すべきです。

右肩上がりの時代はもう終わりました。「限られた時間で、より多くの利益を上げる、より多くの貢献をする」ことが求められています。時間があれば、新たな手を打つこともできますし、従業員満足度も上がります。

時間をどこに投資するか、どう投資するかが重要な時代です。時間は限られています。決して無限ではありません。**お金は増やせますが、時間は増やせません。**

時間を有効に活用するには、時間の特性を意識することが必要です。

お金と時間、大切なのは？

お金	時間
増やせる	増やせない
貯められる	貯められない
限界がない	1日は24時間
マイナスもあり得る	マイナスはない
二毛作できる	二毛作できる
何もしなくても 減ることがある	何もしなくても減る
記録しやすい	記録しにくい
目に見える (一部見えない)	見えない
生まれつき 恵まれている人もいる	生まれつき 恵まれている人はいない
借りることができる	借りることはできない

実は時間のほうが限られた財産！

□時間の使い方をうまくする3つのコツ

①時間には限りがあることを強く意識

1日24時間、人生にも限りがあること意識しましょう。私は「45歳まで」と「80歳まで」の日数を自動カウントし毎日見るようにしています。

②時間を制限する

「仕事に投資する時間」や「仕事の終了時刻」を決め、制限しましょう。そのほうが成果は上がり、ROTも上がります。

③時間を記録する

1つの仕事にかかる時間を見積もり、かかった時間を計測、記録します。

会社の数字・実績を記録することと同じですが、時間のほうはほとんど記録されていません。絶大な効果がありますので、ぜひやってみて下さい。

131ページの図を見て下さい。ここでいう「時間」とは利益に直結すると思われる時間です。

A社の場合、B社よりも、「一見すると利益につながらないもの」「新しいもの」に時間を投資できる機会が多くなります。「利益につながらないものへの時間投資」が、結局は、利益を増やすことにつながります。時間と利益（お金）の両方の視点が欠かせません。

会社経営に時間の概念を入れる

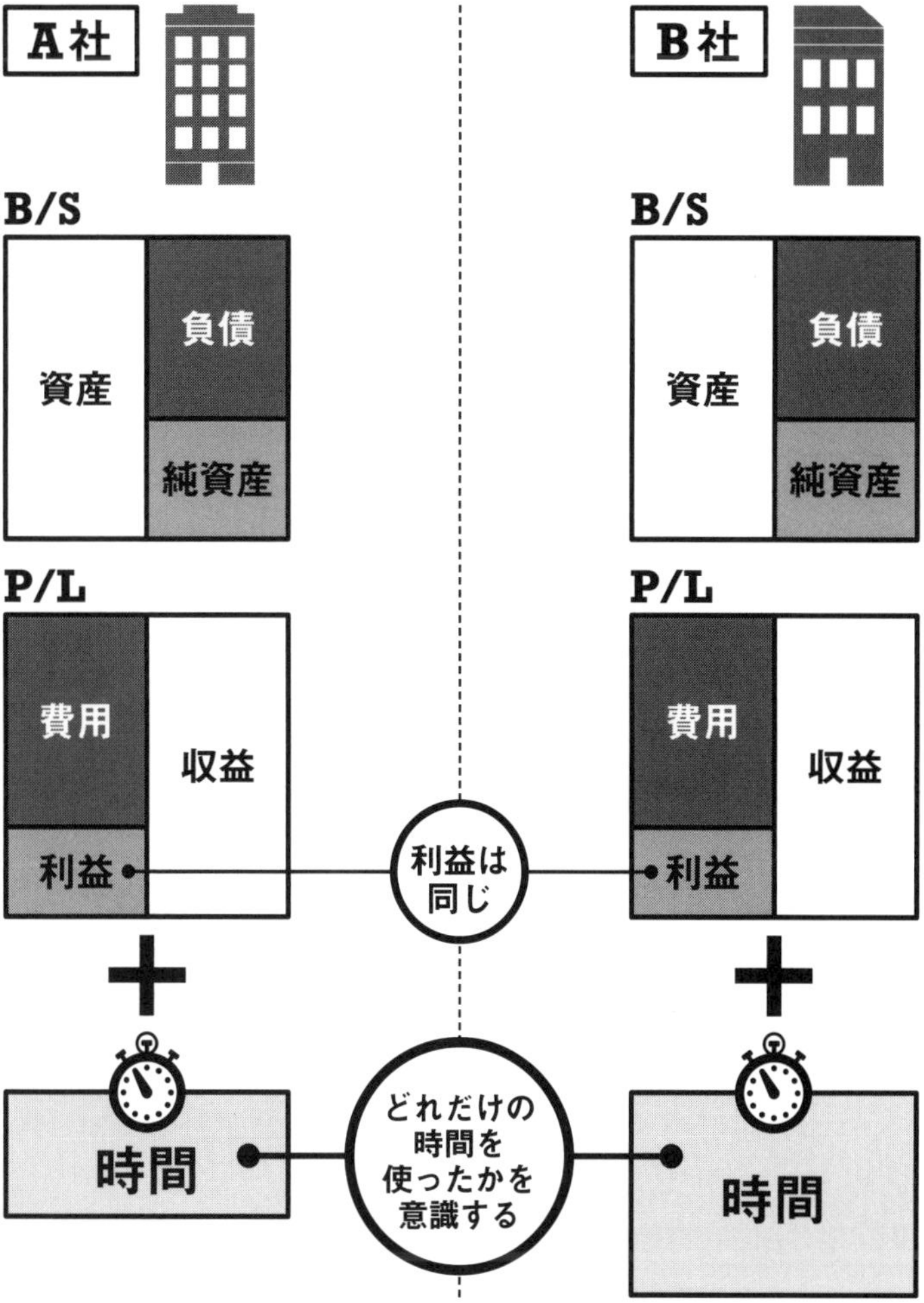

32 スピード月次決算で、分析力アップ！

□経理からのリターンを最大にする！

実は、数字を分析する前に重要なことがあります。それは、月次決算のスピードです。業績を確認するのが遅すぎては、手を打つことはできません。１日でも早く最新の業績をつかむようにしましょう。

月次決算が遅いと、経理の目的が「税金の申告」だけになってしまいます。 経理業務には、それなりの時間とお金がかかっていますので、そのリターンが「税金の申告」だけで終わっては非常にもったいないことです。会計データを税金の申告以外にも活用すれば、リターンは増えます。

例えば、会計データの活用法というと次のようなものがあります。

・経費の詳細を分析する

・資金繰りに使う
・決算の数値を予測し、適切な節税策を行う
・固定費削減、さらなる投資、業務拡大などといった経営上の意思決定に活用する

経理業務を徹底的に効率化しなければいけないのは、その先にやることが山ほどあるからです。試算表を作って終わりというのでは経理を最大限に活かしているとはいえません。会計データを最大限に活用するには、できるだけ早期に月次決算を行うことが求められます。可能であれば月初から5営業日以内、遅くとも15日くらいには完了したいところです。また、小売業、飲食業など、業種によっては、日次決算が欠かせません。

□できることから始めよう！

ではここから、早期に月次決算を完了させるコツを3つご紹介します。

①早期に終わらせる意識を持つ

当然のことですが、月次決算を早期に終わらせるという意識を持つことです。なんとなく毎月やっていては、いつまでたっても速くなりません。社長が率先して月次決算への意識を持つべきです。

②会社全体で経理業務を見直す

日々の経理業務を見直すことにより、月次決算がラクになります。具体的な見直しポイントとしては、次のようなものがあります。

・請求書を早期に送ってもらうよう、社長または営業から働きかける
・経費精算の締め切りを厳守する
・現金のやりとりを極力なくす
・昔からの習慣で、今は必要ない資料を作っていないか
・会計ソフトへの内容入力が細か過ぎないか、過度に丁寧に領収書の整理をしていないか
・手書きの資料が多く、二度手間になっていないか
・営業担当と経理担当、社長と経理担当、税理士事務所と経理担当などで重複して行っている業務がないか

③精度は80％程度でも可

1円単位まで数字を合わせようとすると、月次決算に時間がかかってしまいます。経営管理の目的からは、1円単位までの数字は必要ありません。時間がかかり過ぎるのであれば、ある程度の数字で入力してしまうべきです。特に、請求書の到着が遅い支払先の場合は、他に数字を把握する手段がないか検討してみましょう。

スピード月次決算、3つのコツ

① 早く終わらせる意識を持つ

がんばるぞ！

② 経理業務を見直す

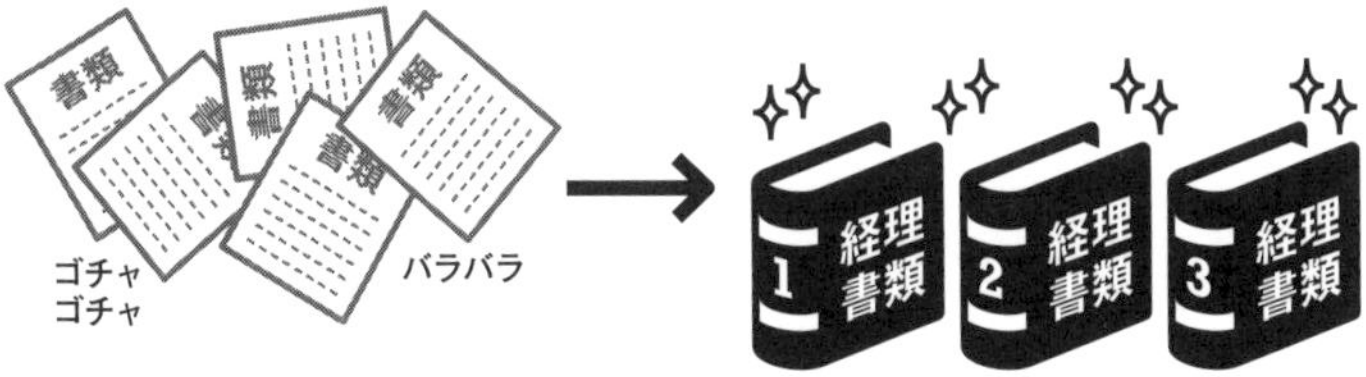
書類
ゴチャゴチャ
バラバラ
1 経理書類
2 経理書類
3 経理書類

③ 80%の精度にする

細かい数字より
スピード！
そんなに
気にしない！

33 「社長の違和感」は正しい

□自分の感覚に自信を持つ！

会社の数字を見たときに違和感を持ったことはありませんか。自分の感覚よりも数字が大きい、または小さいという違和感です。具体的には次のようなものがあります。

・コストを削減したはずなのに、経費が思うように減っていない
・利益を結構出すことができたと思っていたのに、資金繰りが苦しい
・儲かっていないと思っていたら、予想外に利益が出ていた

この違和感の原因は、**①数字が間違っているか、②経営に変化が起こっているかのどちらか**です。前者の場合は、数字を修正すればいいのですが、後者の場合は、変化の原因を探り、その変化への対応を検討しなければいけません。

社長の違和感に対し、「数字が間違っているはずがない」「税法や会計ではこうなっている」といった対応があっても、徹底的に調べてみましょう。

多くの社長とお会いしてきた実感としては、社長の勘は非常に鋭いです。会社の数字が、社長の勘や認識と一致しているかどうかを必ず確認するようにしています。

会社の数字は正しいのが前提です。しかし中小企業の場合、上場企業ほどのチェックがないこともあって、そうではないことが多々あります。そもそも、正しい数字でなければ正しい経営判断はできません。

□まず、この3点をチェック！

数字のチェックとして、まずオススメしたいのは、次の3つです。

①**B／Sにマイナス残高がないか**（原則、プラスになるものです）
②**P／Lの推移表**（月ごとの数値を比較しましょう）
③**B／S、P／L前期比較**（大きく増減している箇所があればチェックしましょう）

数字をチェックするのは、異常値を見つけるためです。異常値、つまり何か会社に異変が起きていないかを確認して下さい。「粗利率が下がっている」「費用が増えている」「売上が落ちている」などを数字で発見できれば、すぐに対策を打つことができます。その対策の結果を、再度数字で確認することができるのです。

第4章

誰も教えてくれなかった「会社のお金の守り方」

Keyword

お金と会計

34 お金の流れを止める2大要素

□①売掛金をチェック！

さてここからは、「会社のお金を守る」ということに焦点を当てていきます。「儲かっているはずなのに、お金が残らない」「いつまでたっても資金繰りが厳しい」といったお悩みに答えていきます。

その原因となるものは主に2つあります。

まず、1つ目として売掛金には常に注意を払って下さい。特に、異常に増えていたりするときは、お金が滞留している可能性が高いからです。細かく見ていきましょう。

①未回収がないかチェック

売上代金が入金されているかを確認します。例えばB／Sの売掛金が100万円とあったら、その明細を経理担当者に見せてもらいましょう。社長または営業担当者の感覚で「多過ぎる」ものがあれば、細部をさらにチェックします。もし入金が遅れているようであれば、すぐに催促するようにします。売掛金はB／S上では資産ですが、回収して初めてお金に変わるものです。

②回収条件を見直す

売上が発生してから回収するまでの期間はできるだけ短くすることが理想です。より理想的なのは、前受けで代金をもらうことでしょう。「業界の常識では前受けはやっていない」と言わずに、ぜひとり入れてみて下さい。意外とすんなりＯＫが出ることも多いです。

③与信管理

クレジットカードを作るときに審査があるように、通常の取引にも審査が必要です。信頼のない取引先に販売して、その代金を回収できないと非常に大きな損害となるからです。といっても審査するには限界があります。財務状況を把握することは難しいからです。新規取引先は前金をもらう、半金をもらうなどといった方法で対応してみましょう。

□②在庫をチェック！

２つ目として、在庫もお金が滞留する原因となります。といっても「在庫を減らして下さい」と言うつもりはありません。社長の感覚や会社の戦略上、販売ロスを避けるために、一定の在庫は必要だからです。次のような点に注意しましょう。

・在庫の管理ができているか

在庫の金額により、利益は変わってきます（在庫と利益についてはP206ページ）。正しく在庫が管理できているか、計上できているかは、数字に影響するのです。在庫が正しいかどうかは、「粗利率の推移（在庫が増えれば、利益も増え、粗利率も上がります）」と「在庫回転率の推移」をチェックして下さい。

・不良在庫がないか

もう売れないような在庫がないか確認して下さい。もしある場合は、処分または廃棄も考えましょう。在庫を減らせば、税金も減ります。節税の観点からもやっておくべきです。

□棚卸しの記録を残しておく

在庫は、その気になればいくらでもごまかせます。

「売上100、期首の在庫10、仕入れ40、期末の在庫20」とある場合、粗利は、100－（10＋40－20）＝70となります。例えばこれを、「期末の在庫10」にすると、粗利は、100－（10＋40－10）＝60となってしまいます。税金の金額も変わってくるため、税務調査時にも問題になりやすいものです。在庫管理、棚卸しの資料は、きっちり管理しておきましょう。

お金の流れを止める2大要素とは？

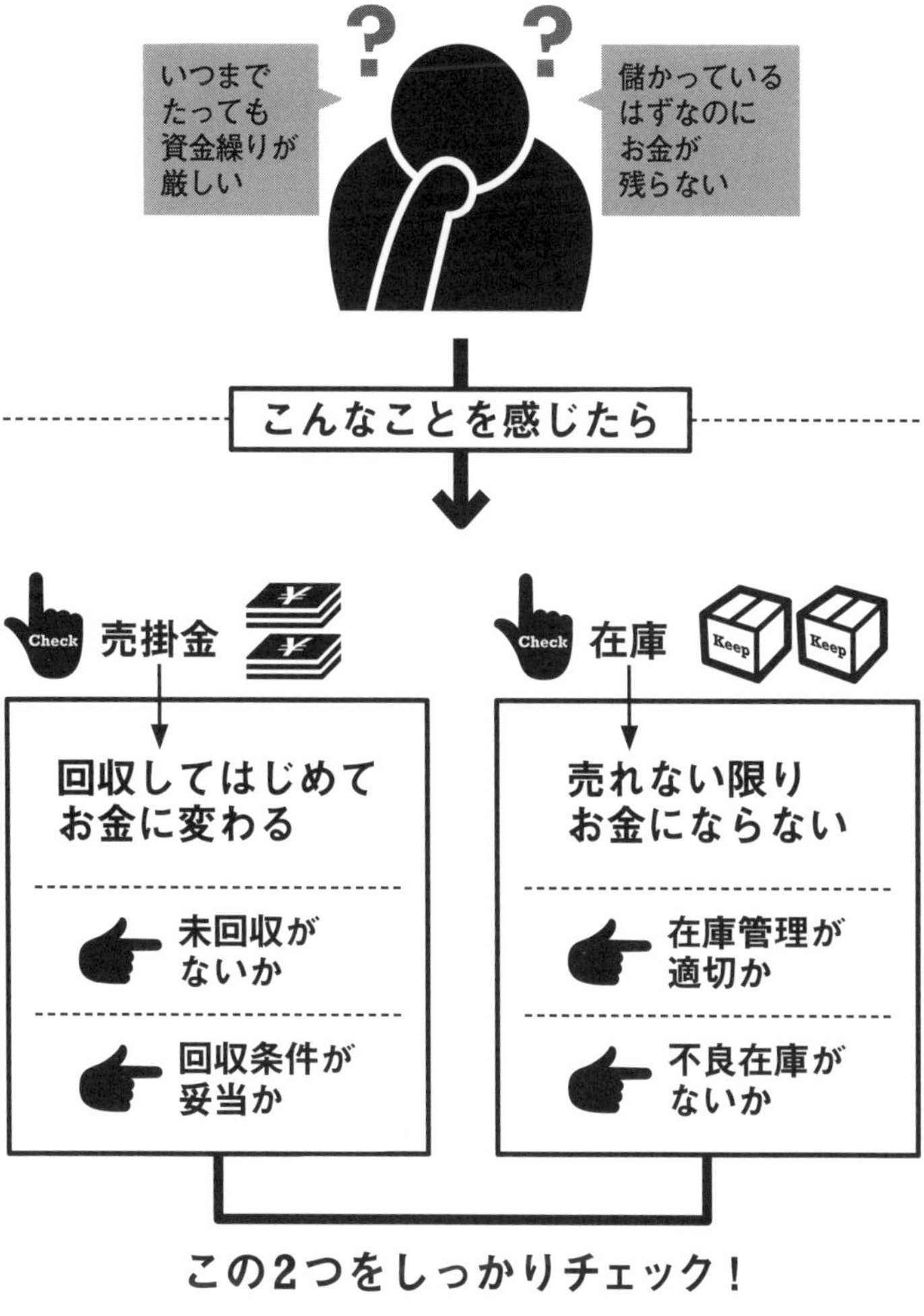
いつまでたっても資金繰りが厳しい
儲かっているはずなのにお金が残らない
こんなことを感じたら
Check
売掛金
回収してはじめてお金に変わる
未回収がないか
回収条件が妥当か
Check
在庫
Keep
Keep
売れない限りお金にならない
在庫管理が適切か
不良在庫がないか
この2つをしっかりチェック！

35

B／Sをきれいにする10のポイント

□金融機関、税務署に目をつけられないために

「B／S（貸借対照表）をきれいにする」「B／Sを掃除する」「B／Sを整理する」という言葉を使うことがあります。

なぜ、B／Sを掃除する必要があるのでしょうか。

P／L（損益計算書）は、1年間の成績ですのでその都度リセットされますが、B／Sはその時々の状態を示すものであり、ずっと蓄積されていくからです。

会計ソフトの入力を間違えたり、税法の解釈が違っていたりすると、その間違いはずっとB／Sに残ってしまいます。結果、「数年前に間違えた数字が今でも残っている」「前任の経理担当者が処理していて、詳細がわからなくなっている数字が残っている」ということが起こります。これらをきれいにしなければ、正確な業績把握はできません。

B／Sが汚れていると、「この会社は経理がちゃんとしていない」というイメージを与

えてしまいます。金融機関、税務署、取引先からそう思われてしまうと、不都合です。税理士である私も契約前・契約時にB／Sを見せていただいております。「B／Sがきれいかどうか」は、契約の有無を決めている要素の1つです。

□B／Sをきれいにするポイント

B／Sをきれいにするには、次の10のポイントを詳しく見て下さい。

①現金→実際の現金残高と合っているか？
②普通預金→預金残高と合っているか？　計上されていない口座がないか？
③売掛金→不明な残高がないか？　どの取引先に未回収の金額がいくらあり、いつ入金されるかが把握できているか？
④商品→実際に在庫の金額と合っているか？
⑤仮払金→まだ精算できていない金額はないか？
⑥貸付金→会社から引き出したお金がないか？　返済できているか？
⑦器具備品→本当に存在しているか？　器具備品ではなく消耗品費で処理できるものではないか？（1つ30万円未満）
⑧買掛金・未払金→どこに、いつ、いくら支払うべきものかを把握できているか？

⑨預り金→源泉所得税の預り金が残っていないか？　または預りもれがないか？
⑩借入金→金融機関からの借入金合計と一致するか？　利息・印紙代などを相殺されている場合は要注意

□「これ、なんだっけ？」をなくそう！

こんなポイントで掃除してきれいにしていきます。自社の決算書のB／Sを見て、「これ、なんだっけ？」というものがないようにしておきましょう。決算時にきれいになっていれば十分です。

□決算時、特に気をつけること

特に、社長に対する貸付金は決算時には0にしておきましょう。税金上、利息をとる必要があるからです。無利息だと社長への給料とみなされ、追加納税、罰金の可能性があります。金融機関も社長への貸付金を嫌います。お金を借りている状態なのに、そのお金を社長に貸しているのですから当然でしょう。

逆に社長からの借入金（短期借入金、役員借入金）は税金上も金融機関に対しても問題ありません。もっとも、社長が立て替えているものですから、ないほうが好ましいです。

B/Sはいつもきれいにしよう！

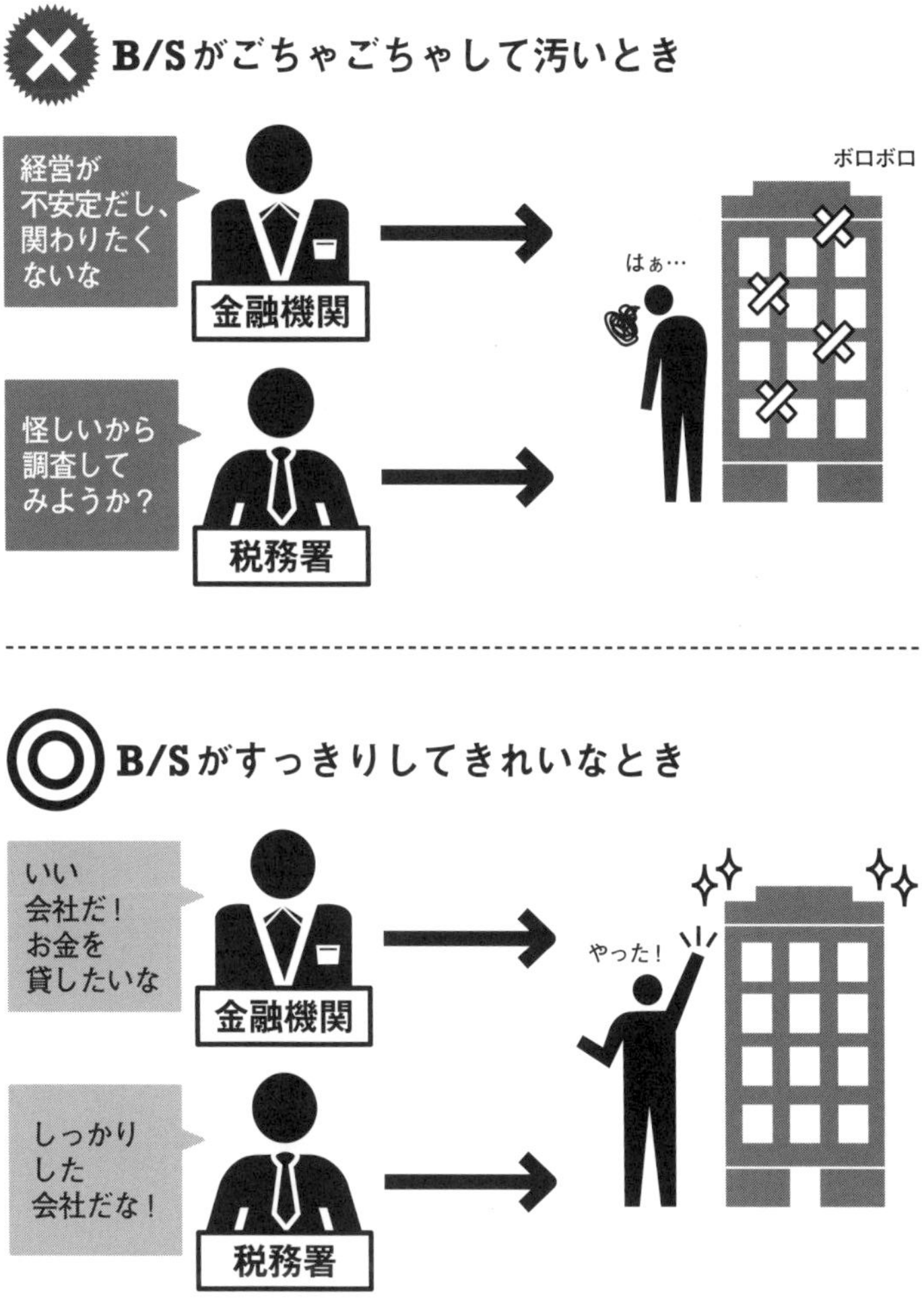
B/Sがごちゃごちゃして汚いとき
経営が
不安定だし、
関わりたく
ないな
金融機関
怪しいから
調査して
みようか？
税務署
ボロボロ
はぁ…
B/Sがすっきりしてきれいなとき
いい
会社だ！
お金を
貸したいな
金融機関
しっかり
した
会社だな！
税務署
やった！

36 B／Sは「体幹」を鍛えよう

□売掛金、商品、借入金をスリムに！

Ｂ／Ｓは体幹を鍛えると覚えて下さい。体幹とは胴体のことです。ここを鍛えることで、資金繰りもラクになります。

１４９ページを見て下さい。この**Ｂ／Ｓのうち体幹に該当するのは、売掛金、商品、借入金**です。この３つをスリムにすることで、Ｂ／Ｓ全体が引き締まっていきます。１４９ページを見ながら、次のようにチェックしましょう。

・「売掛金÷平均月商」で、未回収金が何カ月分残っているかをチェック
・「商品÷平均月商」で、在庫が何カ月残っているかをチェック
・「借入金÷平均月商」で、月商の何カ月分の借入があるか、また「借入金÷（負債＋純資産）×１００」で借入依存度をチェック

それぞれの基準については、１４９ページを見て下さい。

B/Sは「体幹」を鍛えよう！

一般的なB/Sの場合、中ほどにくる
「売掛金」「商品」「借入金」をチェック！

現金	買掛金
普通預金	未払金
売掛金	預り金
商品	借入金
建物	資本金
車両	利益剰余金

Check 売掛金

売掛金 ／ 平均月商（カ月）

2を超えていたら、回収もれをチェック！

Check 商品

商品 ／ 平均月商（カ月）

1を超えていたら、要注意！

Check 借入金

借入金 ／ 平均月商（カ月）

4を超えたら赤信号（卸売業は2）

借入金 ／ 負債＋純資産 ×100（%）

50を超えると赤信号

37 「運転資金の罠」に気をつける

□「お金が足りない」。原因はこれだ！

お金を守るために、次に見ていただきたいのは運転資金です。この**運転資金は「一時的な立替金」**のようなものと考えて下さい。151ページのようなB／Sがあると、運転資金はいくらになるでしょうか。

表の網掛けの部分が運転資金を構成する要素です。**将来お金になるもの（売掛金・商品）と将来お金が減るもの（買掛金）の差額が運転資金**になります。手形がある場合は、受取手形、支払手形を加味します。この場合は、売掛金（500）＋商品（200）－買掛金（400）＝300です。いわば、この300を常に立て替えている状態なのです。

ビジネスが拡大すればするほど、この運転資金は増えていきます。「売上や利益が上がっているのに、お金が足りない」という事態が生じるのは、運転資金の増加が原因です。

運転資金の算出方法

Q このようなB/Sの場合、運転資金はいくら？

普通預金	100	買掛金	400
売掛金	500	資本金	200
商品	200	利益剰余金	100

A 運転資金＝売掛金(500)＋商品(200)－買掛金(400)＝300

普通預金	100	買掛金	400
売掛金	500	資本金	200
商品	200	利益剰余金	100

将来お金になるもの

将来お金が減るもの

38 資産がたくさんあっても、債務超過することがある

□B／Sを「実質的価値」で見てみる

B／Sは、必ずしも現実を正しく表していません。

例えば、B／S上は建物の価値が100あるとしても、本当にその価値が100であるとは限りません。200かもしれませんし、ひょっとすると50かもしれません。資産は本当の価値に計算し直さなければいけないケースがあるのです。

上場企業は時価で計上することを強制されていますが、中小企業では強制されていません。「時価で計上しなければいけない」（義務）ではなく、「時価で計上することができる」（任意）の規定があるのみです。

153ページの図を見て下さい。一見、健全に見えるB／Sも、資産をよくよく見てみると、実質的な価値がないことがあります。

「資産のように見えて、実は資産でない（価値がない）」。そんな資産になりがちなのは、

実は債務超過しているB/S

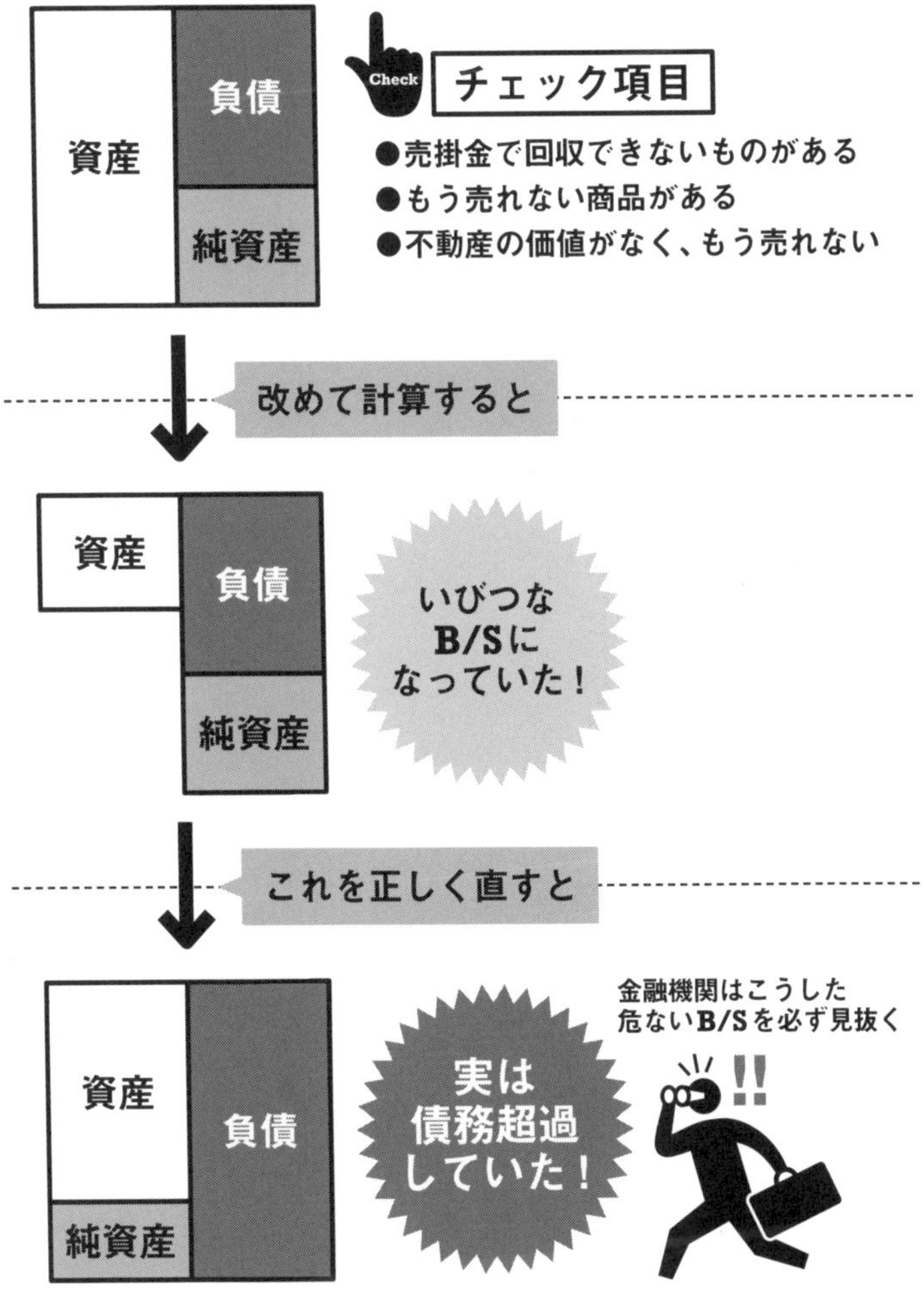
資産
負債
純資産
Check
チェック項目
●売掛金で回収できないものがある
●もう売れない商品がある
●不動産の価値がなく、もう売れない
改めて計算すると
資産
負債
純資産
いびつなB/Sになっていた！
これを正しく直すと
資産
負債
純資産
実は債務超過していた！
金融機関はこうした危ないB/Sを必ず見抜く
!!

例として次のようなものがあります。

・売掛金でもう回収できそうもないもの
・商品でもう売れそうにないもの
・建物で時価が非常に低いもの
・車で価値がなく、売ってもお金にならないもの

こうした負の資産がないかどうか、御社のB／Sも同じように時価で評価してみましょう。153ページの図のように、実は、債務超過状態だったB／Sのことを、「実質債務超過」といい、金融機関は必ずこの「実質」で見ています。

□B／Sの資産は、この3つに分けられる

価値という視点で考えると、B／Sの資産は次の3つに分けることができます。

①B／Sの数字通りの価値があると思われる資産

・現金、預金（普通預金、当座預金、定期預金など）
・回収が明らかである売掛金、受取手形
・売れると見込まれる商品

・保証金

②時期により時価が変動すると思われる資産

・有価証券
・建物
・車両
・その他の固定資産

③価値がないと考えられるもの

・仮払金
・貸付金（返済されないもの）
・立替金
・繰延資産（開業費、開発費）

□隠れメタボに気をつける！

御社のB／Sをもう一度よく見て下さい。①の割合が多ければ喜ばしいのですが、案外、②や③の資産をお持ちなのではないでしょうか。隠れメタボならぬ「実質債務超過」にならないよう、気をつけて下さい。

39

自己資本、いったいいくらあればいいの？

□自己資本比率の考え方

157ページを見て下さい。Ⓐ とⒷのうち、安定しているのはどちらでしょうか。お金はどちらも同じ1300ですが、

Ⓐは、借入金が1000、資本金が1000、利益剰余金が200です。

Ⓑは、借入金が900、資本金が100、利益剰余金が300です。

ⒶもⒷも1300のお金を調達していますが、返済しなくていいもの、つまり純資産はⒶが1200、Ⓑは400となっています。純資産をたくさん持っているⒶのほうが安定度はあるといえます。

純資産は自己資本という呼び方もします。**調達元（負債＋純資産）に占める純資産（自己資本）の割合が自己資本比率**です。

自己資本比率で比較すると、Ⓐは約92％、Ⓑは約30％であり、圧倒的にⒶのほうが優れ

Ⓐと Ⓑ、安定している会社は？

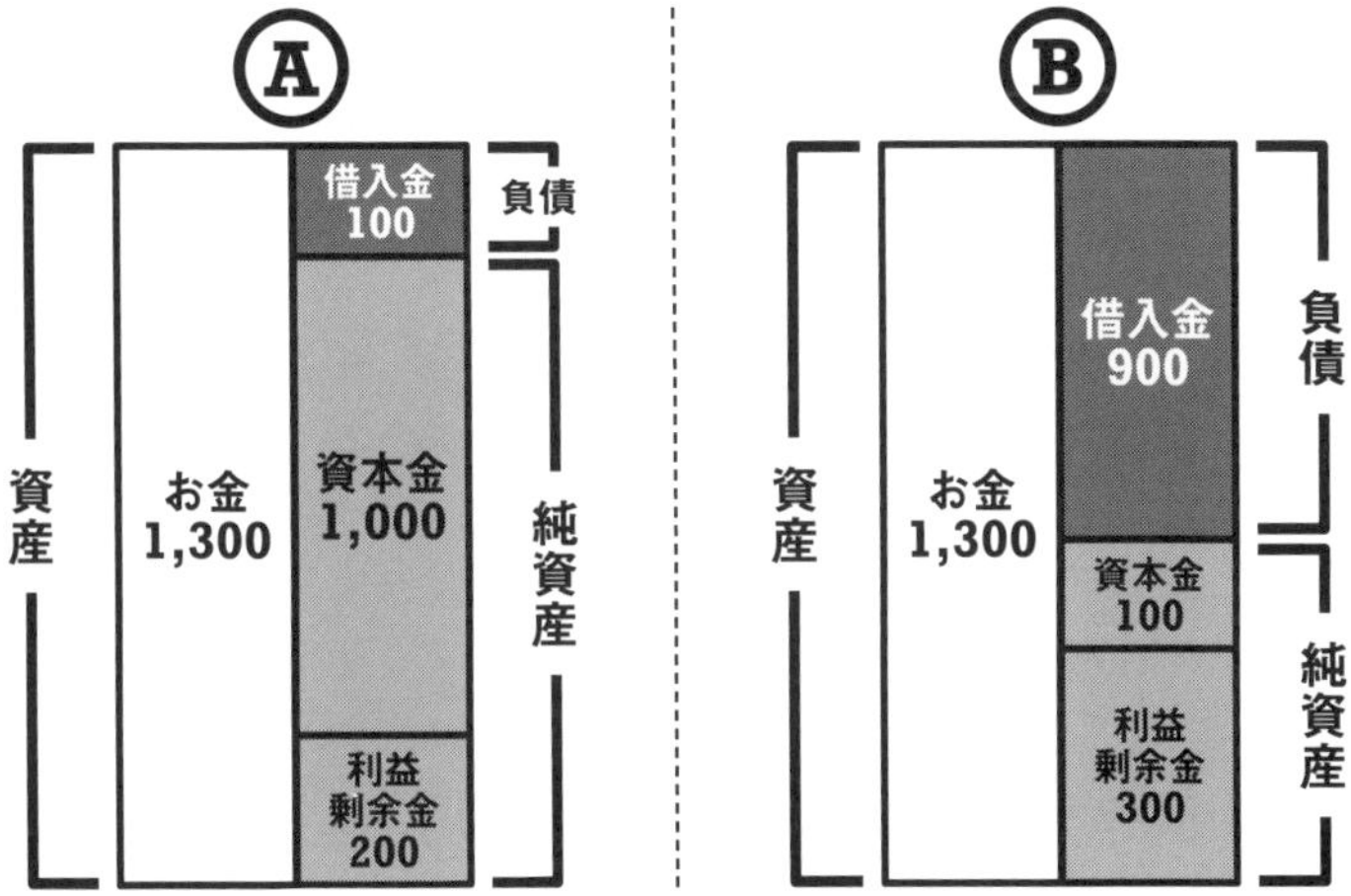

ていることになります。

では、自己資本比率を上げるにはどうすればいいのでしょうか。それには、次の２つの方法があります。

①負債を減らす

他人資本である負債を減らします。自己資本比率の分母である【負債＋純資産】が減るため、自己資本比率は上がります。例えば、負債が90、純資産が10の場合、自己資本比率は、10÷（90＋10）×１００＝10％です。この場合、負債が90から50に減れば、10÷（50＋10）×１００＝約16・７％となります。

②自己資本を増やす

自己資本は資本金＋利益剰余金ですので、「増資する（資本金を増やす）」、または「利益剰余金を増やす」ことで自己資本比率は上がります。

自己資本比率は、中小企業では15％が1つの基準でしょう。

□自己資本比率を上げるのは難しい

しかし自己資本比率を上げるのは難しいことです。その理由には次の2つがあります。

①増資の難しさ

増資する場合、資本金としてお金を受けとる代わりに株式を発行し、それを取得した側（つまり株主）はその対価として、配当金や株式売却の利益を受けとります。配当金は税金上経費にならないことから、中小企業にとって配当を出すことは得策ではありません。また、上場株式と異なり値段の算定、売却も困難です。

では、社長自らが増資するのはどうでしょうか。この場合は社長のポケットマネーからお金を出す必要があるため、それなりの収入と余力がなければ増資は難しいでしょう。

②利益剰余金を増やすことの難しさ

利益剰余金は、過去からの当期純利益が蓄積されたものです。約40％の税金が差し引かれた後の利益を増やさなければいけません。中小企業の場合、税金を極力減らす傾向にあります。上場企業と異なり、税引後の利益から配当を支払う必要がないからです。そのため、税引後の当期純利益は少なくなりがちで、利益剰余金が貯まりにくいのです。

自己資本比率は15%を目指す！

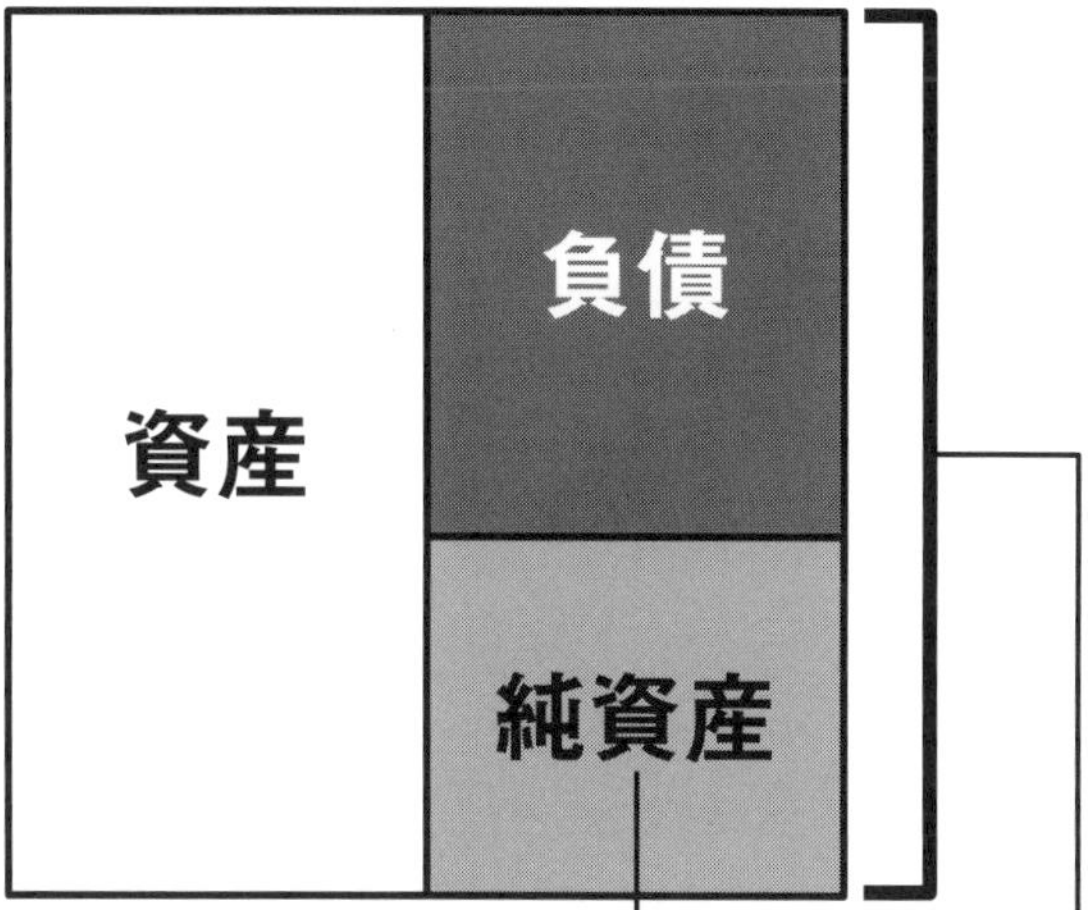

$$自己資本比率(\%) = \frac{純資産}{負債 + 純資産} \times 100$$

中小企業であれば、15%を目指す

Case.1 負債90、純資産10の場合

$$\frac{10}{100} \times 100 = 10\%$$

Case.2 負債50、純資産10の場合

$$\frac{10}{60} \times 100 = 約16.7\%$$

40 自己資本に対する大きな誤解

□「自己資本＝現金」ではない

自己資本についてもう1つお話をします。**自己資本は、あくまで「どうやってお金を調達したか」を示しているものであり、実態はありません。**調達して、現金や預金のまま残っている場合もあれば、在庫や建物、車に化けている場合もあります。自己資本比率が高くても、お金に余裕があるとは限らないのです。

161ページの図を見て下さい。資本金1000万円で会社を設立する場合、まずそのお金を銀行口座に振り込みます。そして、商品を1000万円仕入れ、代金1000万円を口座から振り込むと、預金が商品に変わります。つまり、資本金が1000万円あっても、お金があるわけではないことがわかるでしょう。

この場合、会社概要で、「資本金1000万円」といった表示がされますが、ほとんど参考にならないのです。

「資本金＝現金」ではない

●資本金1,000万円で会社を設立

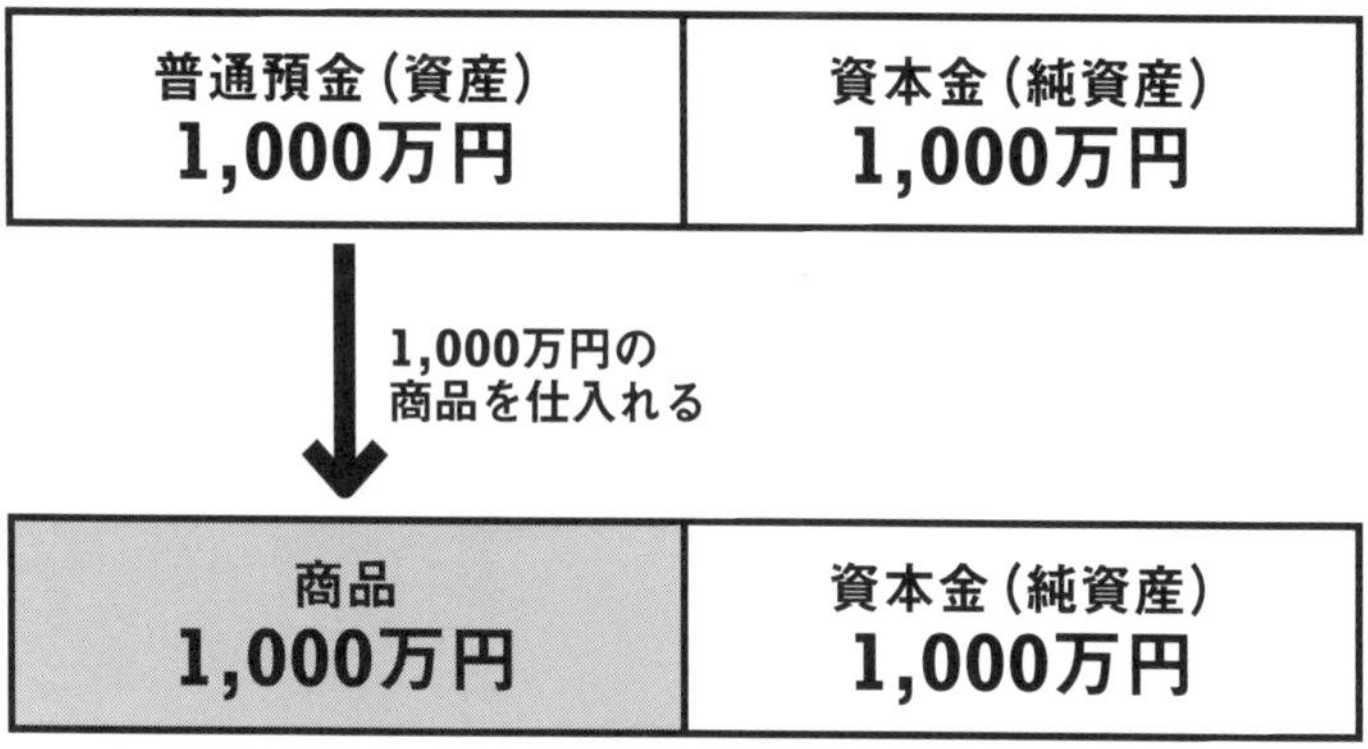

B/S上は資本金1,000万円だが、現金ではない

逆に、「資本金10万円」で優良な会社はいくらでもあります。資本金はあくまで最初に元手として投入したお金、または集めたお金という意味でしかありません。

とはいえ、**少なすぎる資本金で会社を設立するのはオススメできません。**

今の法律では、資本金が1円でも会社を作れます。しかし、資本金が1円だと、自己資本（純資産）は利益剰余金で増やさなければいけません。お金が足りなくなれば、社長が会社に貸しつけなければいけないことも多いでしょう。運転資金がそれなりに大きくなる場合には、資本金はある程度の額を用意しておくべきです。

41 頭のいい資金繰り、そのコツ

□キャッシュ・フロー計算書、見るべきは6点だけ

会社の利益がマイナスになっても、会社は潰れません。しかし、お金がなくなれば会社は潰れます。経営において、資金繰りを考えるのは最重要課題といえます。

キャッシュ・フロー計算書というものをご存じでしょうか。資金繰り表の一種と考えていただいてもかまいません。上場企業については、作成・公表が義務づけられていますが、中小企業は作成しなくてもいいことになっています。そのため作成していないケースがほとんどでしょう。

非常にわかりにくい表であり、作成にもそれなりのスキルが必要です。ただ、すべてを読み込む必要はありません。163ページの図を見て下さい。ポイントだけ解説すると、キャッシュ・フロー計算書は、次の6点だけ見れば大丈夫です。

①現金及び現金同等物期首残高：期首に持っていたお金のことで、4000あります。

キャッシュ・フロー計算書は、この6項目だけ見る！

項目	金額
営業キャッシュ・フロー…④	5,500
投資キャッシュ・フロー…⑤	−900
財務キャッシュ・フロー…⑥	1,400
現金及び現金同等物の増減額…③	6,000
現金及び現金同等物期首残高…①	4,000
現金及び現金同等物期末残高…②	10,000

プラスかどうか？

営業キャッシュ・フローの範囲でマイナスか？

②**現金及び現金同等物期末残高**：期末に持っていたお金で、10000あります。

③**現金及び現金同等物の増減額**：当期中のお金の増減額で、6000増えています。

この6000の内訳及び要因が次の3つです。ここがキャッシュ・フロー計算書の大きな特徴なのです。

④**営業キャッシュ・フロー**：売上を上げる、費用を支払うといった営業活動で生み出したお金です。プラスがどうかが重要となります。

⑤**投資キャッシュ・フロー**：固定資産の取得、売却など投資に関して使ったお金です。営業キャッシュ・フローの範囲であれば、マイナスでもかまいません。

営業活動で生み出したお金を投資したと考えられるからです。

⑥**財務キャッシュ・フロー**：借入金の返済（マイナス）や借入（プラス）、増資（プラス）、配当金の支払い（マイナス）など、財務や資本に関するお金の流れです。

これがマイナスなら、借入金の返済が多かったと考えられます。悪いことではありません。これがプラスのときは要注意です。お金が増えた原因は借入によるものであり、営業上はそれほどお金を生んでいない可能性もあるのです。

以上6点をしっかり押さえておいて下さい。

□営業キャッシュ・フローに注目！

さて、前述の事例を使って、簡易的な資金繰り表を作ってみましょう。165ページの図を見て下さい。前月の残高4000と当月の残高10000の差額を出します。さらに借入の増減（借りた金額－返済した金額）を加味して、営業キャッシュ・フローを簡易的に計算するのです。これで、本業でどれだけの資金を稼いでいるかがわかります。

さらに、ざっくりでかまいませんので、その時点での税金を差し引けば、今使ってもいいお金が計算できます（税金の概算については196ページ）。

この資金繰り表は毎月、作成するようにしましょう。内部管理用に使うのはもちろん、金融機関との交渉にも必要だからです。

一般的な資金繰り表

月初残高			4,000	❶
入金	売掛金回収	6,400		
	その他収入	300		
	合計	6,700		
支払	固定資産	1,000		
	人件費	600		
	家賃	200		
	その他	100		
	合計	1,900		
経常収支			4,800	❺
借入			3,300	
返済			2,100	
財務収支			1,200	❹
現金収支合計			6,000	❸
月末残高			10,000	❷

簡易的な資金繰り表

前月❶	当月❷	差額❸ (❷−❶)	借入の増減 ❹	営業キャッシュフロー❺ (❸−❹)
4,000	10,000	6,000	1,200	4,800

当月❷		税金		使えるお金
10,000	−	3,000	=	7,000

自分の会社に当てはめて、作ってみる！

42 資金繰りを良くする3つの秘訣

□まずはここからチェック！

当たり前だけどなかなかできない、資金繰りを良くする3つの秘訣をお話しします。

①サイトを決める

入金や支払いのサイト（期間）を明確に決めること。これが第一歩です。これなしには資金繰りの予定を立てることはできません。

取引先との関係性、業界の事情があるとは思いますが、できるだけ主導権を握りましょう。入金のサイトはできるだけ短く（当月、翌月など）、支払いのサイトはできるだけ長く（翌月、翌々月など）します。サイトを決めておかないと、資金繰り表も作成できません。予定が立たないものを計画することはできません。

②支払いより入金を先に

例えば、商品100を仕入れ、それに対する売上が500見込める場合、可能な限り支払いよりも入金が先になるようにしましょう。

「お金が足りない原因」の1つとして、実は、支払いを先にやってしまっていることがあります。前述の例だと、入金がまだないうちに100を支払い、その2カ月後に500が入ってくるような状態です。

請求書が来ると、すぐに払ってしまいがちですので、**「この支払いに対する入金は、いつ入ってくるか」**を常に意識しておきましょう。

なお、請求書が来る度に支払うのは経理業務上も非効率です。理想は、月1回に支払いタイミングをまとめましょう。資金繰りも把握しやすくなります。

□お金を眠らせないようにしよう

③回収を確実に

売上代金を確実に回収しましょう。「前金でもらう」「口座振替を利用する」「カード決済を利用する」など工夫する方法はいくつかあります。

回収期日に入金がなかった場合は、必ず催促するようにしましょう。催促がない場合は、支払いを後まわしにされるケースが多いからです。入金が1日でも遅れたら、電話、メールなどで催促を行いましょう。

43

手持ちの現金をいくら持っておくべきか？

□「売上2カ月分」、これが1つの目安

突然の事態に対応するためにも、会社にお金をどのくらい残しておけばいいのでしょうか。1つの目安として、私は売上2カ月分とお伝えしています。「まったく売上がなくても、2カ月は持ちこたえられるだけのお金」ということです。

□いざというとき、何を削るかも考える

ビジネスの世界において、「2カ月間売上が0」というのはまったく考えられない事態ではないからです。いずれにしろ、お金の備えは必要です。

ちなみに、このお金は会社で持っていても、社長が持っていてもかまいません。いざというときは、社長が会社に貸せばいいからです。極端な公私混同はいけませんが、会社のお金と社長のお金は、常に合算して考えておきましょう。

売上2カ月分のお金を持っておく

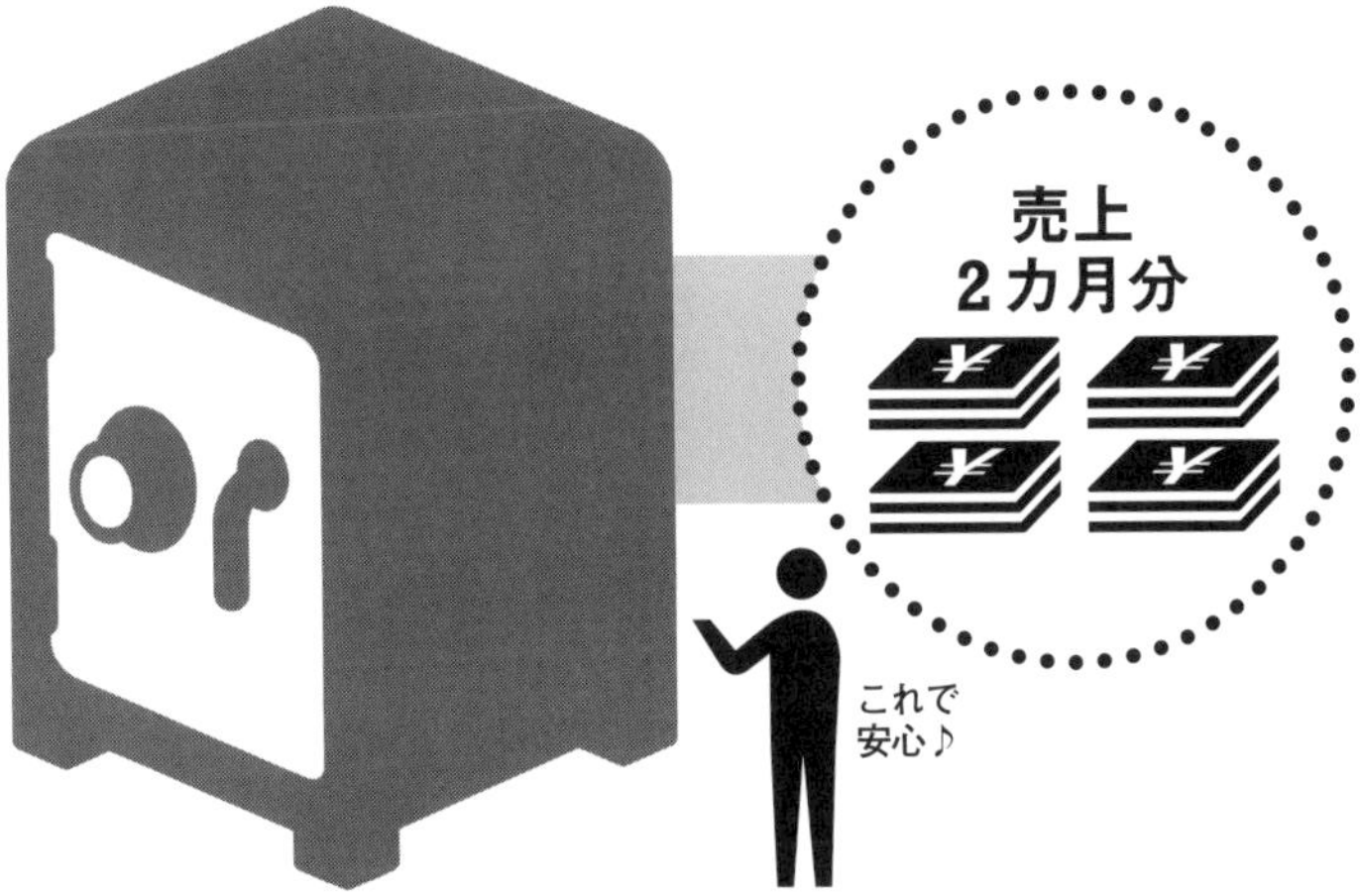

もしお金が不足してきたときにどの使い道を削るかも考えておくべきです。いわば緊急時の資金繰りで、削る順番は次のように考えて下さい。

①役員報酬
②経費
③社会保険料、税金
④借入金
⑤仕入れ、従業員の給料

まず、自身の役員報酬から手をつけるのは当然です。経費は支払先、金額によって優先順位が変わります。社会保険料、税金は緊急時にはきちんと説明し、返済計画を立てて払いましょう。借入金についても無断で支払いを止めるのは絶対に止めるべきです。仕入れ、従業員の給料は、本当に最後の手段です。

44 投資とムダ遣い、その見極めポイント

□稼いだお金を上手に使おう！

お金を稼ぐよりも使うほうが、実は難しいのです。お金をうまく使うためには、まず使い方を把握することが重要となります。まずは会計データをもとに、何にいくら使っているかを把握しましょう。特に注意するのは次の3つです。

①**大きな金額**：金額の大きな勘定科目の明細はどんなものか
②**毎月払っているもの**：必要かどうか、やめることができるかどうか
③**累計で考える**：毎月は少なくても、年間だとかなりの金額を払っているものがないか

次に171ページを見て下さい。お金の使い道を4つのマトリックスで考えた図です。

このうち見極めの難しい**「ムダ遣い」**について見ていきましょう。

これまで当然のように使っていたものでも、実は必要ないものが意外と多くあります。例えば、**保守料、顧問料、使用料、購読料**などがその代表です。

お金の4つの使い道

	払いたい	払いたくない
払わなければならない	消費	税金
払わなくてもいい	投資 ムダ遣い	ムダ遣い

一時的に違約金や解除料、処分手数料がかかっても、必要ないならば、「せっかくこれまで投資してきたから」「つき合いがあるから」「〇円つぎ込んだから」と躊躇せずに削減していくべきです。その際は、「払いたいか、払いたくないか」も考えて下さい。

また、結果的にムダ遣いになりがちなのが、**リース料**です。

通常、途中解約できないので、「月5万円の支払いで5年間契約」したら、300万円になります。ハード、ソフトの進化はますます速くなっていますので、リース契約は慎重に検討すべきでしょう。

45

減価償却をざっくり理解しておこう

□しくみを理解して、活用しよう

建物、建物付属設備、備品、車両などの固定資産は減価償却をします。これらのものは長期にわたって使用できるものですので、買った事業年度（期）に全額を費用にするわけにはいきません。もし、買った事業年度に費用としてしまうと、その事業年度だけ極端に利益が小さくなってしまいます。

価値の減少に応じて適正な期間で費用にするのが減価償却です。主に次の2つの方法があります。1つは、一定期間に一定額を費用にする**定額法**。もう1つは、一定期間で最初多くの金額を費用にし、徐々にその費用が減っていく**定率法**。トータルの費用は同じですが、定率法のほうが定額法よりも早く費用化することができます。

減価償却をする期間は、原則として会社側が適正に見積もることとなっています。その見積もりによって、費用と利益が変わってきます。利益が変わるということは税金の額も

減価償却費のしくみ

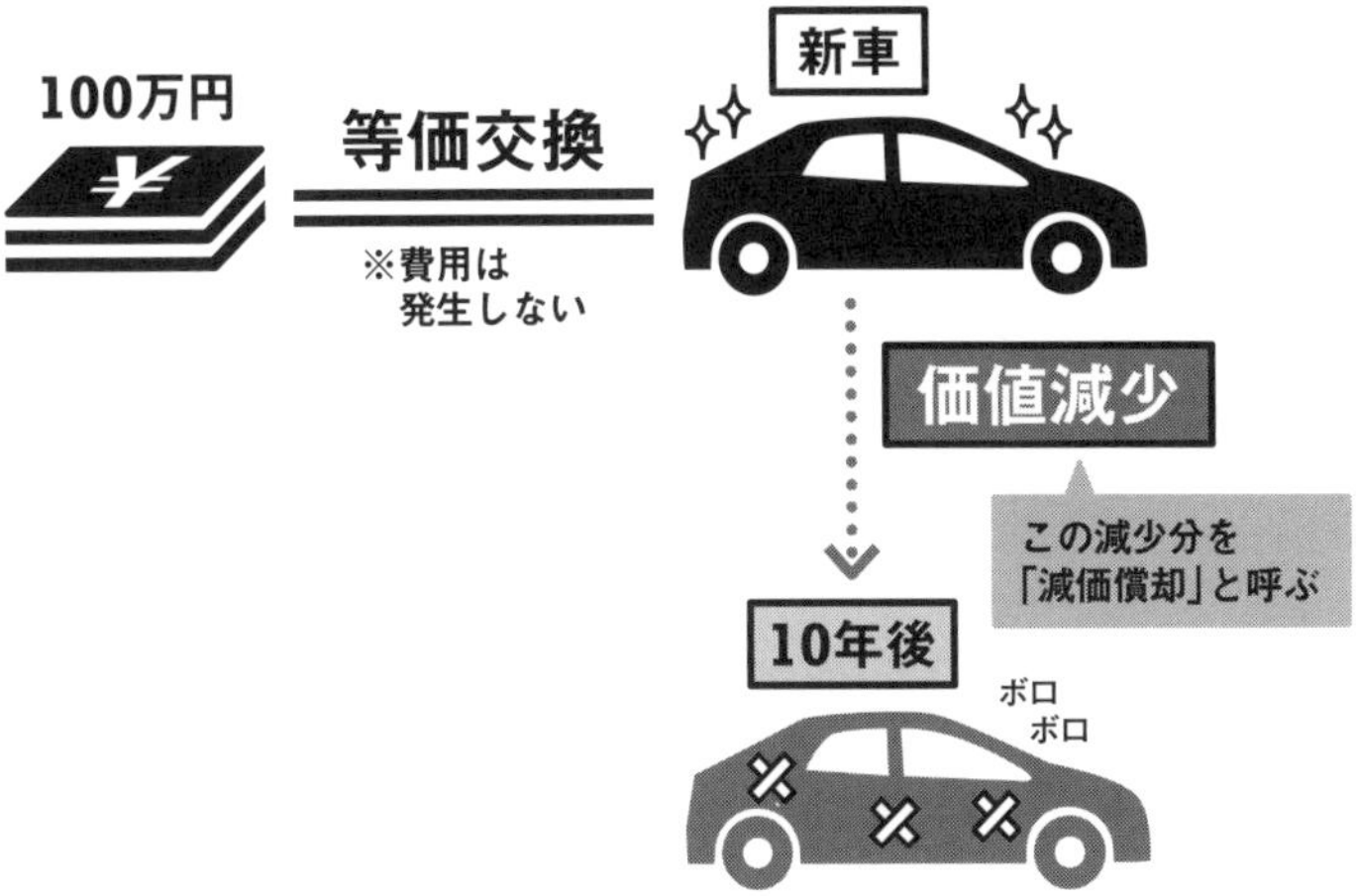

変わってしまうのです。ゆえに、減価償却は税法上で次のように厳しく制限されています。

①建物は定額法のみ（平成28年4月1日以後取得分の建物付属設備・構築物も定額法のみ）

②減価償却する年数は決まっている

そして、「資金繰り上、減価償却費は考慮しない」ことも覚えておいて下さい。なぜなら減価償却費自体は、お金が増えも減りもしないからです。P／L上、減価償却費は販管費に入りますが、**営業利益や経常利益に減価償却費を足した金額が、借入金などの返済原資**と見なされます。これを償却前利益といい、金融機関が注目する数値の1つとなっています。

46

意外と見逃しがちな社会保険料の重い負担

□実は、会社にとって大きな出費

会社にとって重要かつ大きな支出は人件費です。ただ、この問題を考えるには、その前提として、社会保険料の知識が欠かせません。一般的に、社会保険料とは次の5つを指しますので覚えておいて下さい。

①健康保険料→病気やケガの際の診療費にあてられます。
②介護保険料→介護医療にあてられます。40歳以上になると加入します。
③厚生年金保険料→年金の積み立てです。
④労災保険料→仕事中のケガや病気に対する保険です。
⑤雇用保険料→失業手当や育児休業手当に関する保険です。

社会保険料、ざっくりいくらかかる？

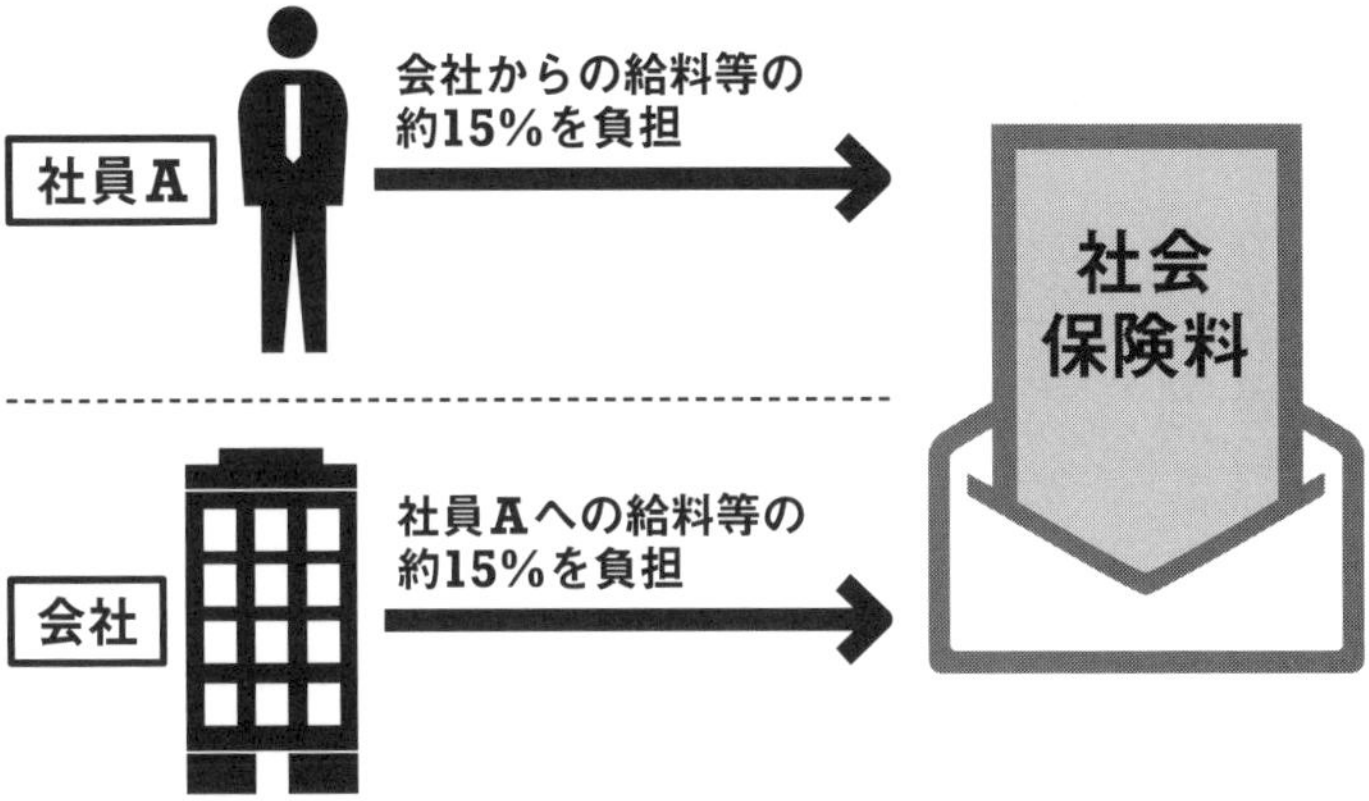

毎月発生するので、会社にとっては大きな出費！

よくいただく質問として、**「給料を○○円にしたら、どのくらい保険料がかかりますか？」**というものがあります。

ざっくり計算するならば、給料＋通勤手当（以下「給料等」）の約15％が、給料から差し引く個人負担分の保険料であり、約15％が会社負担分の保険料です。**会社視点で考えた場合、「給料等＋給料等の約15％」が出費**となります。

例を挙げてみます。「給料が月々29万円、通勤手当が月々1万円で40歳未満の方」を雇った場合、会社が負担する月々の社会保険料は約4万2000円となります。

この会社負担分の社会保険料は、会計上、「法定福利費」という勘定科目で処理されています。

□いつの給与で計算するの？

社会保険料のうち、健康保険、厚生年金、介護保険は、4～6月の給与及び通勤手当で計算します。社会保険料の観点からは、昇給などは7月にしたほうがいいといえます。また、この給与には残業代も含まれますので、「4～6月は残業しないほうがいい」という噂話は本当のことです。

□年々上がっている！

実は、社会保険料は年々増減しています。健康保険料だと、東京都でかつて8％弱だったのが、今は10％近くまで上がりました。そして介護保険料も約1％だったのが、1・5％まで上がっています。この増減については毎年協議されています。ただし、厚生年金保険料は年々上昇し、すでに平成29年まで上がり続けることが決定しています。

□社会保険料を節約する5つの方法

最後に、社会保険料を節約する方法を5つご紹介します。

①アウトソーシングを増やす

アウトソーシングを利用して、社会保険料を支払う対象を減らせないか検討しましょう。

②月末退社、月末入社を避ける

社会保険料は、月の末日に在籍する社員が対象ですので、20日や25日に退職する場合、社会保険料はかかりません。同様の理由で月末入社は避けましょう。

③給料を抑えて賞与を増やす

賞与に対する社会保険料は、ある金額（健康保険料は年間540万円、厚生年金保険料は1回150万円）を超えると一定になります。給与が高い社員の場合、給料を抑えて賞与を増やすことで、社会保険料を安くできるのです。

④手当を一時金に

家族手当、住宅手当は社会保険料の対象になりますし、毎月支払う必要があります。その反面、ありがたみは薄れるものです。これを手当ではなく、祝い金にすると、社会保険料も所得税もかかりません（規程の整備が必要です）。まとまったお金を支払うので社員の満足度も高くなります。

⑤計算のしくみを理解して活用

例えば、給与+交通費が29万円以上31万円未満であれば、社会保険料は同じ金額です。しかし31万円だと、社会保険料は上がります。このしくみを理解し、給与を設定すれば節約につながります。

47

人件費の目安は、粗利の50%

□人件費の基準を知っておく

人は貴重な財産です。その人件費にどのくらいお金をかけるべきなのか。これにはある程度の目安があります。

その目安とは、粗利の50%です。粗利はいろいろな考え方がありますが、売上高から変動費（売上原価、発送費など売上に応じて変動する経費）を引いたものと考えて下さい。P／Lの売上総利益を使ってもかまいません。人件費には、通常次のようなものが含まれます。

・役員報酬
・給料手当（従業員に対する）
・賞与（ボーナス）

・法定福利費（社会保険料の会社負担分）
・通勤手当

粗利のうち、これらの人件費が占める割合を「労働分配率」といいます。つまり、粗利を労働（人件費）にどれくらい分配しているかという意味です。50％だと、粗利の半分を分配していることになります。

□人件費を下げるか、粗利を上げるか

労働分配率は、役員報酬、つまり自分への給料をどう考えるかも重要です。役員報酬を除いて労働分配率を計算する方法もありますが、**高収益企業を目指すのであれば、やはり役員報酬を含めて50％**を目指しましょう。

もし、50％を大きく超えてしまった場合は、50％にするにはどうすればよいかを考えてみます。

181ページの図を見て下さい。この事例では、労働分配率が58％になっています。これを下げるには、人件費を減らすか、粗利を上げるしかありません。

まずは人件費を下げる方向から考えてみましょう。粗利30000で労働分配率を50％にするためには、人件費を15000にする必要があります。現在の人件費17400を

15000以下にできないか検討してみましょう。

次に粗利を増やす方向で考えてみましょう。人件費17400で労働分配率を50％にするためには、粗利を34800にする必要があります。現在の粗利30000を34800以上にできないか検討してみましょう。

□人件費が多い！　もしそう思ったら？

「人件費にどうしてもお金がかかる」と感じたときは、次の2つの原因から探って下さい。

①人が多すぎる

1人増やすとそれだけ人件費が増えます。給料に加えて通勤費、社会保険料もかかってしまいます。

②支払い額が多い

人が少なくても支払い額が多すぎる場合があります。ベースとなる給料は固定費です。いったん上げてしまうと、なかなか下げることはできません。利益に応じて支払う賞与の割合を多くすることをオススメします。また、毎月の給料に歩合があり、さらに賞与を支払っている場合は明らかに払い過ぎであるケースがあります。

一度決めた給与体系を変えるのは大変ですが、会社の存続のために欠かせません。給与体系を見直してみましょう。

人件費の目安は、粗利の50%！

人件費は「労働分配率50%」を目安にする

$$労働分配率 = \frac{人件費}{売上総利益（粗利）} \times 100$$

A社の現状

役員報酬	10,000
給与手当	5,000
賞与	900
法定福利費	1,500
人件費 計	17,400

人件費 17,400
÷
売上総利益 30,000
＝
労働分配率 58%

適正にするには

利益アップ

人件費 17,400
÷
売上総利益 34,800
＝
労働分配率 50%

人件費ダウン

人件費 15,000
÷
売上総利益 30,000
＝
労働分配率 50%

48

銀行員が秘かに考えていること

□金融機関は何を判断材料にするのか?

金融機関からお金を調達するには、「会社の数字がどのように見られているのか」という視点が欠かせません。彼らが一番重視していることは**「貸したお金を返してくれるか?」**であり、さらには、**「できるだけ信頼できる会社に、多くのお金を貸したい」**と考えているのです。

その判断には、定性的な評価と定量的な評価があります。定性的な評価とは、社長自身の資質や業歴、業界でのシェアなどをいいます。定量的な評価とは、会社の収益（数字）です。その際、どのような基準で数字を見ているのでしょうか。ポイントは次の3つといわれています。

□金融機関が見る3つのポイント

金融機関は何を考えているか

BANK
できるだけ
信頼できる会社に、
多くのお金を貸したい

①過去3期中2期の収支がプラス

「入金から支払いを引いた差額がプラスになっている状態」が直近の3期のうち2期あれば、OKです。要は資金繰りがうまくいっているかどうかを見ているわけです。このプラスというのは利益ではありません。あくまで資金がまわっているかどうかです。

②借入依存度が60％以下

会社の資産のうち、借入でまかなっているのが60％以下であることが条件です。すでに借入が多い場合、追加で貸すことは難しくなります。

③10年以内に返済できるか

借入金を10年以内に返済できるかを見ます。業績が良ければ、または今後の業績が良くなるのであれば、多くのお金を返済できます。繰り返しになりますが、金融機関は、お金を借りてくれて確実に返してくれるところを好みます。利息が大きな収入源ですので、お金を貸さないと商売にならないからです。

□銀行からお金を借りる7つのコツ

金融機関の事情がわかったところで、次はスムーズに借入をするため、社長ができるちょっとした工夫をご紹介します。

①利益を出して税金を払う
②B／Sをきれいにする
③銀行に対して、自分の言葉で業績を説明する
④資料をきちんと作る（申込依頼書、業績の概要など）
⑤お金の使い道を明確に説明する（とりあえず借りると言ってはダメ）
⑥先の見通しを明確に説明する（利益計画、資金計画）
⑦過度に敵対心や苦手意識を持たず、取引先と考える

□「実質金利」に気をつけよう！

現在、金利が低いため、わずかな支払利息で、いざというときのお金を借りることがで

金融機関が見ている数字

① 過去3期中2期の収支

プラスか
どうかが
見られる！

② 借入依存度

$$\frac{\text{借入金}}{\text{資産（総資本）}} \times 100$$

が60を
超えると
要注意

③ 返済計画

借りているお金を
返すメドが
あるかを見られる

きます。チャンスではあるのですが、気をつけるべきことがあります。それは**「実質金利」**です。187ページの図を見て下さい。

借入金の利息は低いといっても、預金利息はもっと低いものです。図のように、「預金3000万、銀行からの借入金5000万」といったケースの場合、借入金自体の利息よりも、実質的な利息はかなり高くなります。

□信用保証協会の活用法

借入金には、信用保証協会の保証がつくものがあります。**金融機関に対して、協会が債務を保証するため、お金が借りやすくなります。**信用度によって、0・45%から1・9%の保証料を支払います。この保証料を含めて利率を考えなければいけません。例えば、

借入金A　金融機関から直接（利率1・9%）

借入金B　保証つき（利率1・5%+保証料率1%）

だと、借入金Aのほうがトータルの利率は低くなります。なお、保証料はB／Sの長期前払費用や前払費用に計上し、期間に応じて、費用にしていきます。借入金の金額、利率、保証協会の有無などの一覧を作り、常に確認しましょう。

「実質的な金利」に気をつける

**会社Aが3,000万円の預金を持っていて、
借入金が5,000万円の場合**

**預金
3,000万円**

**借入金
5,000万円**

**受取利息
3,000万円×0.1%＝3万円**

**支払利息
5,000万円×2%＝100万円**

↓

実質的な金利 ＝ 実質的な利息 100万円−3万円＝97万円 ／ 実質的な借入金 5,000万円−3,000万円＝2,000万円

＝ 4.85%

**金利は低くなっているが、
実質的な金利を頭に入れておく**

49 借入か出資か、どっちがおトク？

□お金の調達手段は2つ

会社の資金調達のためには、「融資してもらう（借入をする）」「出資してもらう」という方法があります。

お金を調達する場合、その調達したお金に対して「コスト」がかかります。ただでお金を調達することは基本的にできません（助成金は除きます）。

そのコストについても融資と出資を比較してみましょう。

□融資と出資のコストを知る

①融資してもらった場合

金融機関から融資してもらった場合、つまり、お金を借りた場合、そのコストは利息です。この利息は、「支払利息」として、P／Lの費用に計上されます。

出資のリスクを知っておく

資本金1,000万円で会社を作り、
1,100万円の出資を受けたとき

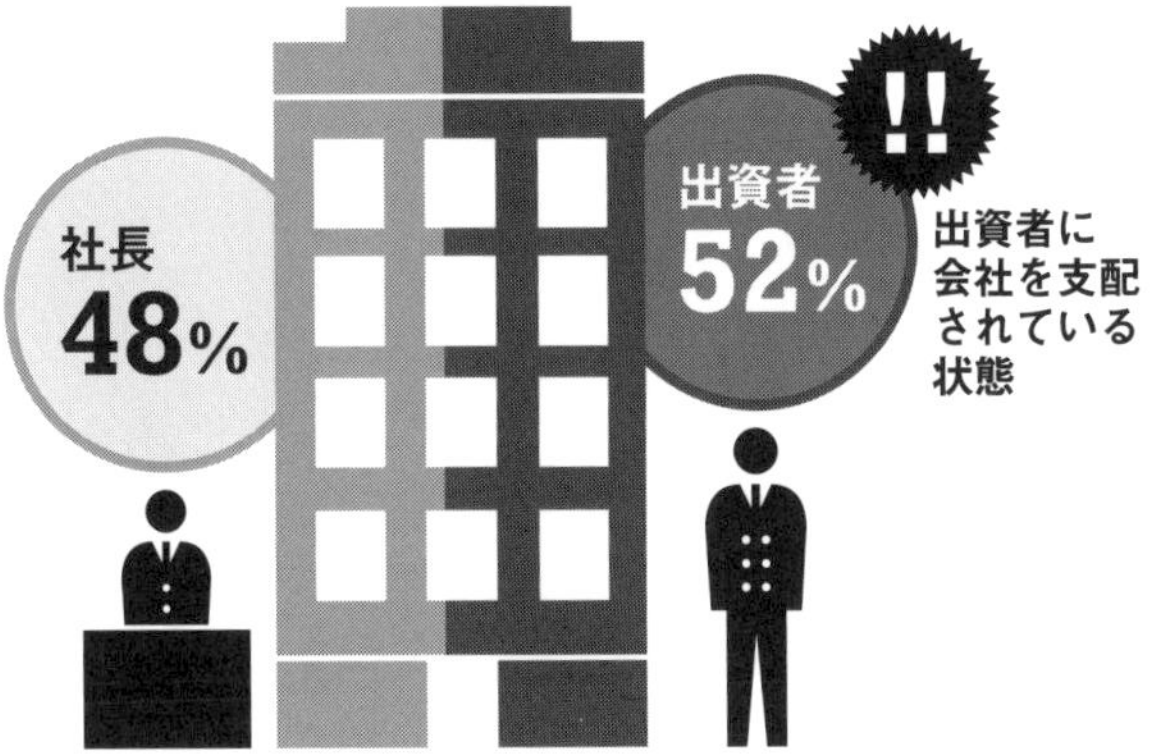

②出資してもらった場合

出資してもらった場合、自社の株式を買ってもらう形になるため、出資者、つまり株を持っている人に対し、そのコストとして、「配当金」を支払わないといけません。

融資と出資は同じように見えますが、利息と配当金には明確な違いがあります。**利息は税金上経費になりますが、配当金は税金上経費にならない**ことです。利益を出し、税金を支払った残りから、配当金を支払う必要があります。

□出資リスクを知っておく

出資してもらうということは、会社の保有権を与えることになります。例えば、資本金1000万円で会社を作り、

1100万円の出資を受け、資本金が2100万円になった場合、その出資者に会社は支配されます。会社は過半数の株式を持っている人に発言権があるからです（3分の2以上の株式が必要な案件もあります）。

「金は出すけど、口は出さない」と言われたとしても、ずっとそうとは限りません。事業が拡大し、利益を生むようになったときに、代表取締役を解任されることもあるのです。このリスクを十分に理解しておきましょう。会社では、代表取締役が一番偉いわけではなく、株主が一番偉いのです。

□株主は1人だけがいい

友人同士で資本金を出しあう場合にも注意しましょう。トラブルに発展しやすいため、中小企業ではよほどの事情がない限り、株主は1人にすべきです。

資本金を出し合うということは、会社の株式をそれぞれが持つということです。

上場している会社の株式なら、値段も決まっており簡単に売買できますが、上場していない会社の株式の場合、値段がついていません（その会社の業績やB／Sの内容により値段が計算されます）。株主の1人が会社を辞めることとなった場合に、この値段でもめることが多いのです。**過去、何度もそういった事例に遭遇しました。**仮に社長が株式を買いとるとしても、買いとるお金が必要となります。

第5章

「税金のおトクな話」、教えます！

Keyword

お金と税金

50

税金を払わないと、お金は貯まらない！

□節税するほど、お金は減る

税金を払うときは、何となく嫌な気持ちがします。税理士である私も例外ではありません。税金を払うと、せっかく稼いだお金が減るからです。しかし、実は税金を払っていかないとお金は増えていきません。基本的には、**節税をすればするほど、手元に残るお金は減っていきます。**

193ページを見て下さい。次のⒶとⒷ、あなたならどちらを選びますか。ブロック1個の大きさ・価値はⒶ、Ⓑともに同じとします。

□「税金」と「手元に残るお金の関係」を知っておく

これが先ほどお話しした「税金と手元に残るお金の関係」です。ブロックは稼いだお金で、とり上げられるブロックは税金です。

あなたはどちらを選びますか？

Ⓐ 10個のブロックのうち、4つはとり上げられ、6つは自分の手元に残る

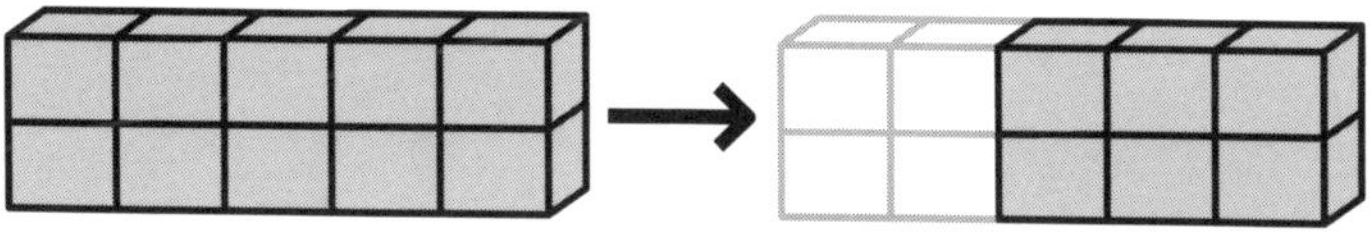

Ⓑ 1個のブロックが全部自分の手元に残る

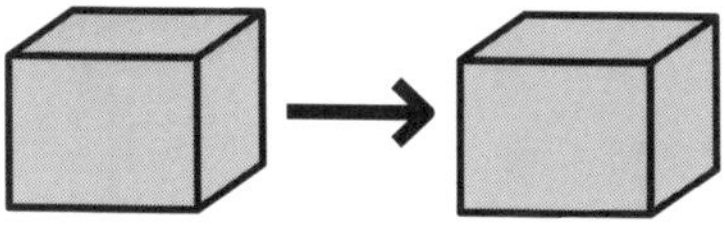

ちなみにあなたはどちらを選んだでしょうか。私ならⒶを選びます。なぜなら6個のブロックが手に入るからです。とり上げられる個数に注目すると、Ⓑを選ぶ方もいらっしゃいます。確かにⒶは4個もとり上げられますが、Ⓑは1個もとり上げられず全部自分のものです。

しかし、より多くのブロックを得るには、**Ⓐのように多少ブロックをとり上げられても、手元に残る道を選ばなければいけません。**ブロックをとり上げられるのが嫌ならばⒷを選ぶのもありでしょうが、手元には1個しか残りません。

どんな方法をとっても、必ず一定割合の税金はかかるので、税金を支払わずにお金を増やすことはできません。売上をごまかしたり、実在しない経費を計上したりするしかないのです。これがいわゆる脱税です。

☐ある程度の工夫は必要

もちろん、とり上げられるブロックを最小限に抑える工夫（節税）は必要です。ビジネスや投資をすると、この問題が立ちふさがります。

とり上げられるブロックの数（税金）に注目するか、残るブロックの数（お金）に注目するか、考えてみましょう。

☐税金、ざっくりこれぐらいかかる！

では具体的に税金はいくらくらいかかるのでしょうか。

「東京都で資本金1000万円、従業員50人以下。交際費、その他の要素は考慮しない」という会社を例に考えてみましょう。

例えば、利益が100万円出た場合、会社で支払う税金は、約29万円です。このときに経費を10万円使うと、税金は、約27万円に減ります。差額は、約2万円です。税金は、基本的に利益（所得）×税率で計算します。**利益が10万円減っても（経費として10万円使っても）、税金が10万円減るわけではありません。**

具体的な数字を入れて考えてみましょう。

・経費を10万円使う→10万円の支出
・税金を27万円払う→27万円の支出
合計で37万円の支出となります。

一方、経費を追加で使わない場合は、
・経費0円→0円の支出
・税金を29万円払う→29万円の支出
合計は29万円の支出となります。

□お金を貯めるたった1つの方法

経費を10万円使った場合、確かに税金を減らせます。しかし、出ていくお金も増えていくのです。その経費（支出）が仕事に必要なもの、将来への投資となり得るものならば、問題ありません。惜しまず使うべきです。

ただ、支払う税金を減らすために、必要でない経費を増やすと、いたずらに会社のお金を減らすだけになります。**ムダなものを慌てて買うくらいなら、普通に税金を支払ったほうが、会社にお金が貯まっていく**のです。

51 P／Lの利益から、税金のメドがつく

□簡易計算表を頭に入れよう！

税金の原則をお話ししたところで、次は税金の計算方法について触れていきます。

P／Lの利益と税金は密接な関係があります。主に税金は、利益から計算するものだからです。**税金は「所得×税率」で計算**します。決算書の利益に税金ならではの要素を加減すると「所得」になります。

例えば、決算書の利益が1000万円のとき、役員にボーナスを100万円出すと、原則として所得は、決算書の利益に100万円を加算した1100万円です。

このように決算書の「利益」と「税金の計算のもととなる所得」は異なりますが、おおむね**「所得＝税引前当期純利益」**と考えても差し支えありません。

法人の所得に対して計算される税金には、法人税、住民税、事業税、法人地方特別税等があります（以下、「法人税等」とします）。

税金の簡易計算表

法人所得	実質税率
～1,500万円	30%
～4,500万円	35%
4,500万円～	37%

ざっくり、このイメージで考えておく！

法人所得と法人税等の金額の簡易計算表を載せておきましたので、参考にして下さい（資本金1000万円、従業員50人以下、事業所が1つ。税率は、平成30年4月1日以降開始の場合）。

資本金が1億円未満の場合、平成28年4月1日以降に開始する事業年度の法人税率は、年800万円以下の部分が15％、年800万円超の部分が23・4％です。

平成30年4月1日以降に開始する事業年度の法人税率は、年800万円以下の部分は同じく15％、年800万円超の部分は23・2％に下がります。

法人税率が下がっているので、その他の税金も含めた法人税等の税率も少し下がりました。

52 「経費と認められないもの」を知っておく

□経費に見えて、経費にならないもの

「これは経費で落ちますか?」。何度受けたかわからないぐらいたくさん受けた質問です。それぐらい、多くの経営者の方にとって関心があるのだと思います。

P/Lの「売上原価」「販売費及び一般管理費」などには、事業に関するものなら何でも入れることができます。

しかし、その費用は税金上すべて認められているわけではありません。税金上費用と認められるものを、本書では経費と呼びます。俗にいう**「経費になる」「経費に落ちない」とは税金上認められるかどうかをいう**のです。「一見経費と思われがちですが、経費にならないもの」も数多くありますので、ご紹介します。

①借入金の返済

最もよく聞かれるのがこれです。「借入金を一括して返済すれば節税になる」と思われ

がちですが、決してそうではありません。

借入金を返すというのは、あくまでB／S上の話です。「借りたものを返す」だけであり経費ではありません。もし経費になるなら、借入をしたときに収入になっているはずです。なお、利息は経費になります。

②源泉所得税の支払い

毎月10日（一定の場合には年２回）に支払っている源泉所得税や住民税も一見経費に見えますが、そうではありません。これらの税金は給料を支払ったときに預かっているだけです。その預かったお金を税務署や役所に支払っています。借入金の返済と同じくB／Sだけの話なのです。

③保証金

オフィスを借りるときや、新規に業務契約するときに保証金を支払うことがあります。この保証金は解約時に戻ってくるものがあります。その戻ってくる部分は経費にはできません。ずっとB／Sの資産に計上されたままです。ただし、契約時に「解約時に保証金の30%を償却します」とある場合は、その部分を経費にすることができます。

④30万円以上の資産

中小企業の場合、1組30万円未満の資産は経費にすることができます（年度累計３００万円まで）。しかし、1組30万円以上の資産を購入した場合は、一括で経費にはできません。

複数年にわたって、減価償却費という費用にしなければいけません。

⑤配当

株式の配当というとかっこいい響きがあります。しかし、配当とはあくまで残った利益があってこそ払えるものです。取引先はもちろん、給料、費用、利息、そして税金まですべて払った後に残った利益から計算します。

税金を計算した後に支払うということは「経費にできない」ということになります。これを利益処分といいます。

□原則、今期のものしか経費にならない

⑥翌期にわたるもの

決算月にまとめて支払っても、全額が経費になる場合とならない場合があります。

例えば、金融機関から融資を受ける場合に保証料を支払います。融資の期間に応じて支払いますので、5年ならば5年にわたってその効果は続くわけです。このような場合、翌期以降の分が経費になりません。毎期、1年分ずつ経費にすることになります。

税法には翌期の費用も経費にすることができる特例があります。契約に基づいて1年以内に支払っていれば、一括して経費に落とすことができるのです。しかし、これができるものは限られています。家賃、保険料などです。

知っておきたい税金と経費のこと

✕ 9割の社長がやってしまうこと

税金を
払いたく
ないから
お金を使おう

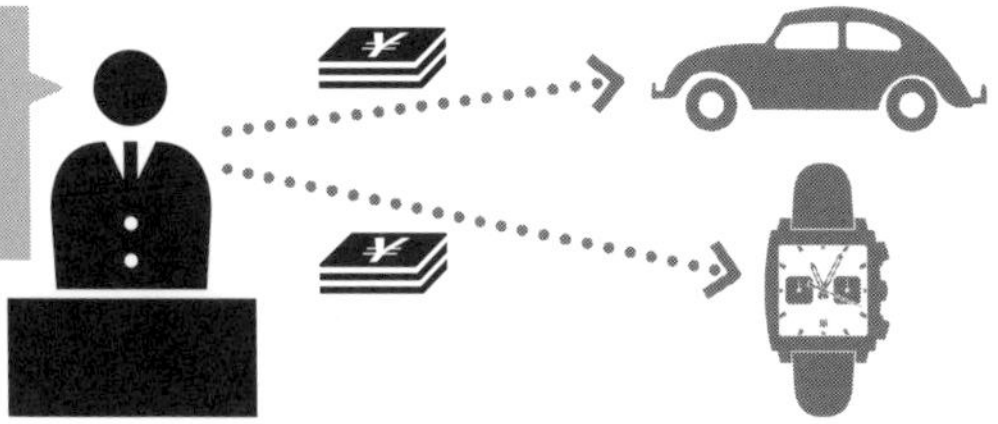

一見経費だが、
経費にならないもの

1. 借入金の返済
2. 源泉所得税の支払い
3. 保証金
4. 30万円以上の資産
5. 配当
6. 翌期にわたるもの

ところが、
すべて経費に
なるわけ
ではない！

53

経費にまつわる9つのウソ

□都市伝説に惑わされない

「これは経費に入る」「税務署に何も言われなかった」など、経費にまつわる都市伝説はたくさんあります。本当のことをお教えします。

□これ、全部ウソです！

次のようなものがよくいわれますが、いずれも正しくありません。

①領収書があれば何でも経費に→領収書の内容によります。
②領収書をなくすと経費にはできない→そうとは限りません。ただし、数が多いと怪しまれるでしょう。
③クレジットカードの明細があればいい→消費税の法律では、代金を受けとった者が作

成した請求書、領収書が必要となります。カードの明細はカード会社が作成している
ため、厳密には適切な証拠ではありません。
④払えば何でも経費になる→当然、内容によります。
⑤福利厚生費には限度がある→限度はありません。ただし、交際費と見られる場合もあ
ります。
⑥本代・セミナー代は落ちない→業務に関係のあるものであれば問題ありません。
⑦Suica（交通機関のカード）はチャージ金額で経費になる→交通費以外にも、コンビ
ニエンスストアなどで買い物ができるためチャージ金額では証拠能力が低いです。
⑧税金払うくらいなら経費を使ったほうがいい→経費のうち税金を減らせるのはその25
～40％程度です。経費を減らしたほうが資金の減少を防げます。
⑨支払わないと経費にならない→支払ってなくても、請求書などにより支払いが確定し
ていれば経費になります。ただし、モノの場合は納品され使っていること、サービス
の場合はそのサービスが提供されていることが原則として求められます。

代表的な9つのウソを列挙しました。税金の問題は知らなかったではすまされないので、
気をつけて下さい。

54 知っておきたい「B／Sと税金の関係」

□税金がかかる資産を知っておく

一般的に、税金はP／Lの利益から計算するのですが、B／Sも税金と関係があります。なぜなら、**資産の中には「税金がかかるもの」もある**からです。

税金の対象となるのは、有形固定資産といわれるものです。例えば、建物・土地には固定資産税、設備や備品には償却資産税、車には自動車税という税金がかかります。それぞれの価値により税金が決まり、毎年5月ごろに通知がきます。価値により税額が決まりますので、時期やその資産を取得してからの期間によって、税額も変わってきます。

なお、設備や備品の償却資産税では、「10万円未満のもので経費にしたもの」は対象外であり、また、合計の価値が150万円以下であれば課税されません。

□資本金の額で税金が変わる

B／Sの資本金の額で税金は変わります。多くなればなるほど、税金が増えるのです。その基準として、次の2つを覚えておいて下さい。

①1000万円：例えば資本金が1500万円だと、均等割（マイナスでも必ずかかる税金）は年7万円から18万円になります（従業員50人以下。東京都の場合）。以降段階的に増えていきます。

②1億円：交際費の税率などの優遇措置がなくなります。

□税金に影響してくるB／Sの動き

B／Sの借入金を返済しても税金は減りません。また、未払いの代金をいくら払っても税金は減りません。ただし、次のような場合には税金に影響があることを覚えておいて下さい。

・資産を売却して損失（利益）が出た場合
・資産を廃棄した場合
・売掛金が回収できないと法的に決まった場合
・債権を放棄した場合
・債務を免除してもらった場合

55

「在庫」に税金はかからない

□在庫と税金の関係

在庫を減らすべき理由の1つとして、「税金がかかるから」といわれることがあります。税金がかかるから、決算前に在庫一掃セールをすると考えられていることもあるようです。しかし結論から申し上げれば、在庫には税金がかかりません。ただし、在庫の金額が変われば、税金の金額も変わります。

207ページの図を見て下さい。税金のしくみをB／SとP／Lとの関係で見てみましょう。

ここで在庫とはどういうものをいうか考えてみましょう。仕入れた商品や作った製品は次の2つに大別されます。1つは売れたもの、もう1つは売れ残ったものです。

このうち**売れたものは「売上原価」としてP／Lの費用に計上され、売れ残ったものは「商品・製品」としてB／Sの資産に計上**されます。

在庫と税金の関係

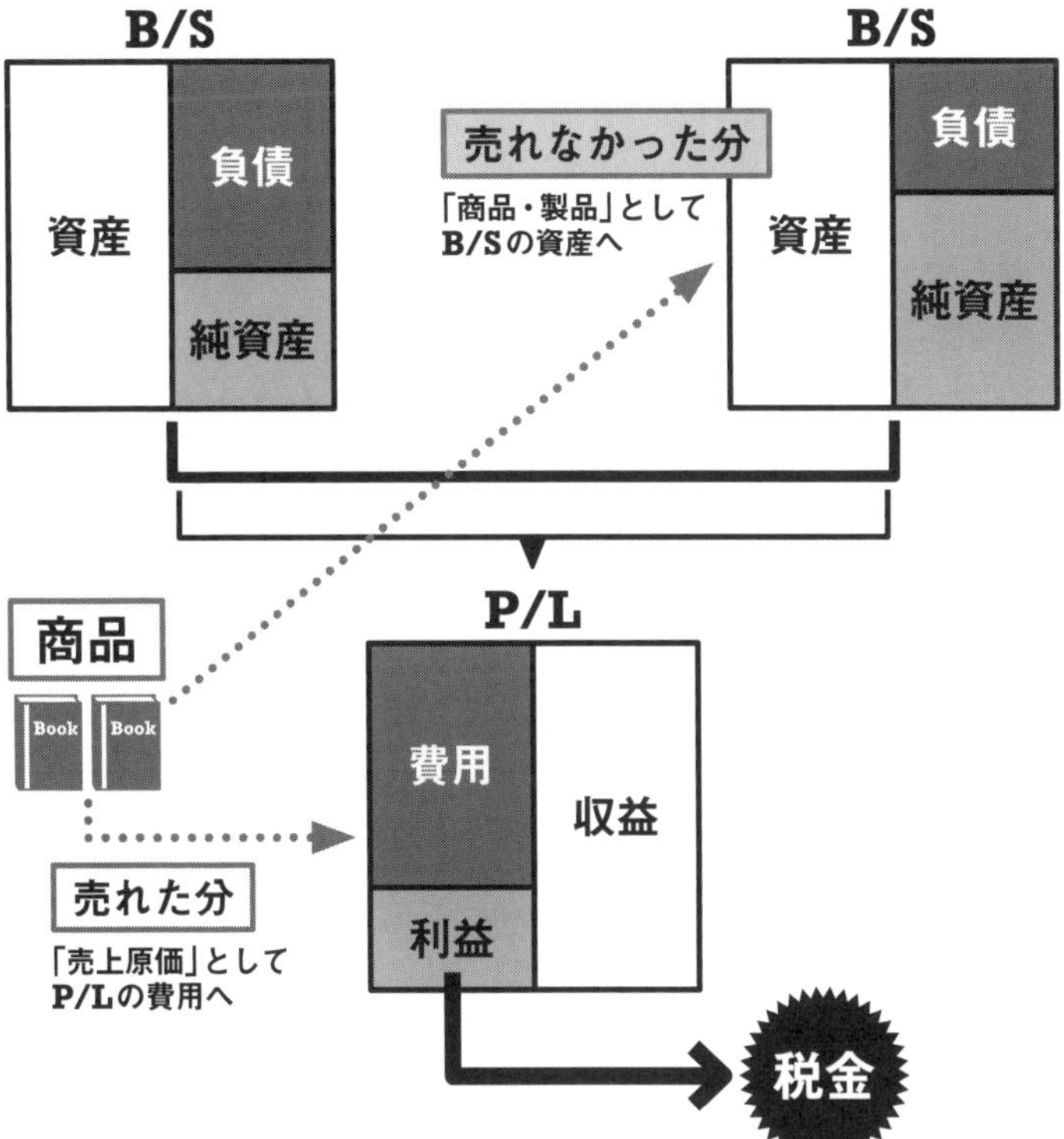

Point

- ●在庫そのものに税金はかからない
- ●在庫が増えると、利益が増え、税金も増える
- ●在庫が減ると、利益が減り、税金も減る

□在庫が減ると、税金も減る

収益（売上）に対応するもののみ、費用になると思って下さい。B／Sの資産に計上されたものは、売れたときP／Lの費用となります。

費用として計上された場合、「利益＝収益－費用」のため、利益が減ります。その結果、税金の金額も減ります。一方、売れ残って資産として計上された場合は、次の1年間に持ち越されるのです。

□在庫とP／Lはこう動く！

このように在庫の金額が増減すると、税金も変わってきます。P／Lの利益が変わるからです。例えば、次のようなP／Lがあるとします。

売上高	1000
売上原価	400
売上総利益	600
販管費	400
営業利益	200

この場合、在庫が10増えたとすると、どの部分が変わるのでしょうか。**売れ残ったものが10増えるということは、売れた分、つまり売上原価が10減るということ**です。その結果、利益が10増えますので、次のようになります。

売上高	1000
売上原価	390
売上総利益	610
販管費	400
営業利益	210

□在庫と税金の2つの公式

在庫と税金については、以下の2つの公式を覚えておいて下さい。

①在庫が増えると、利益が増え、税金も増える
②在庫が減ると、利益が減り、税金も減る

56 税務署員は2つの「モノサシ」を持っている

□「何のために使ったか」を答えられるように！

経費の基準は、税務調査担当の税務署員によっても変わります。さらに、経理担当者や税理士によっても大きく変わるものです。何を経費にしていいかは細かく規定されているわけではありません。クラウドサービスの利用料やインターネットサービスなど、税務署員や税理士にとって、なじみのないものも増えてきていますので却下される可能性もあります。そのためにも、**経費については「何のために使ったか」「どういうものか」が明確に答えられるように**しておきましょう。

□税金は法律、証拠＋理由

税金の世界は法律で定められています。ただ、前述の通り、すべてが厳密に定められているわけではありませんので、決め手になるのは証拠と理由（ストーリー）です。

税務署員が考えていること

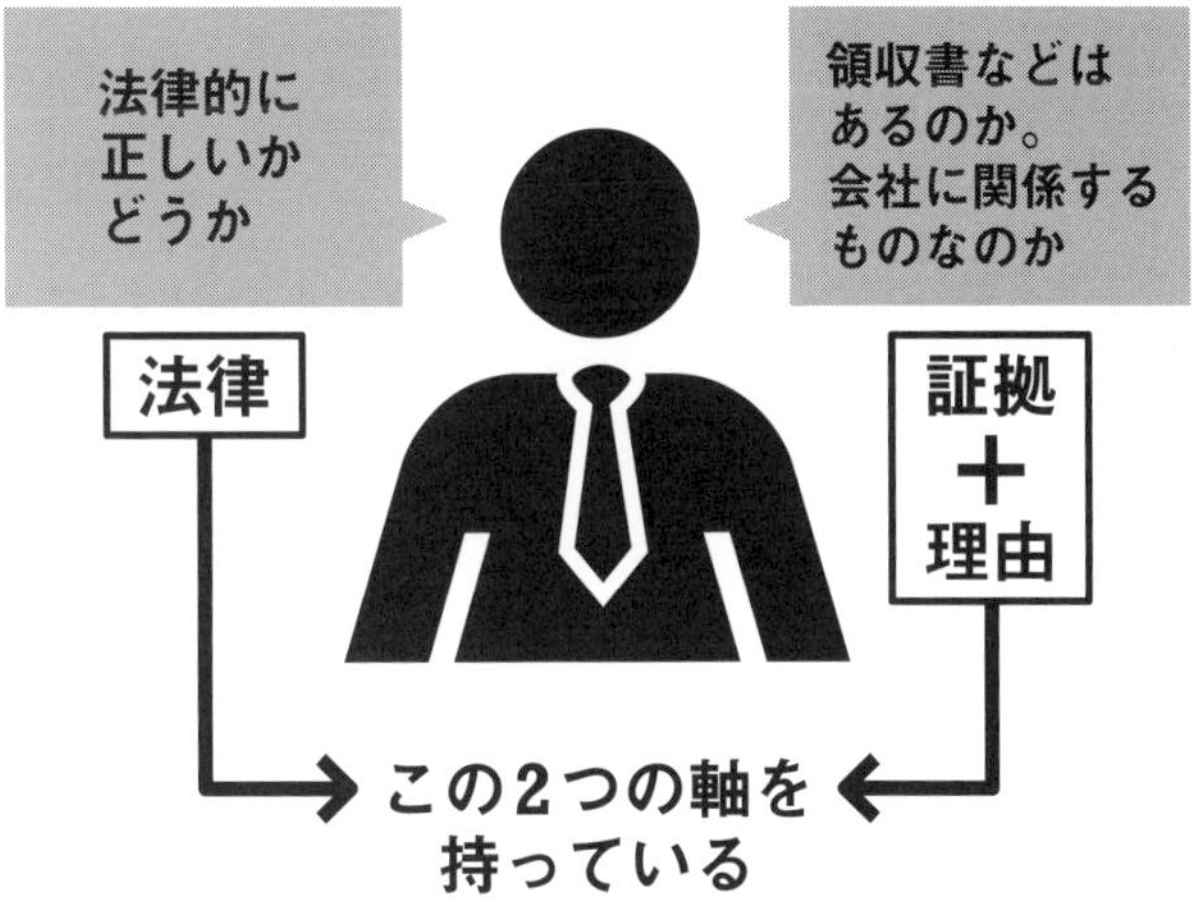
法律的に
正しいか
どうか
領収書などは
あるのか。
会社に関係する
ものなのか
法律
証拠
＋
理由
この2つの軸を
持っている

証拠とは、領収書や請求書、支払った履歴などです。理由（ストーリー）は、それぞれの事情により異なります。

ということは、会社ごと、納税者ごとに理由は異なるのです。**経費にできるかどうか、税金上認められるかどうかは、人間が判断します。**人間が判断する以上、あいまいで当然なのです。

証拠が弱くても理由がしっかりしていれば認められる可能性はあります。一方、証拠があっても理由がまったくなければ、認められません。

「お品代」とだけ書かれた領収書や、内容が書いていない領収書は証拠能力が低いと考えて下さい。証拠と理由双方の観点で考えましょう。

57

何をやったら脱税になるの？

□絶対にやってはいけない2つのこと

税務署が怖いという声をよく聞きます。税務署が実際に会社に来る「税務調査」が嫌で嫌でたまらないという方もいらっしゃるでしょう。

間違ったことや不正なことをしていなければ何ら怖がることはありません。ときには見解の違いで、グレーゾーンについて指摘をされることもあるでしょう。

そのときは、理由をはっきりと話すべきです。逆にいうと、理由を話せない、明確な理由がないことはやってはいけません。

前項の通り、税務上の判定は、法律と証拠により行います。**税務上正しいという証拠があればいい**のです。ただ、何でもかんでも証拠を突きつけて主張すればいいものではありません。絶対にやってはいけないこともあります。

それは次の2つです。

□ここに、税務署は目を光らせている

①売上を抜く

売上があったのに、その売上をなかったことにすることです。売上には税金がかかります。税金をかからないようにするには、売上をなくしてしまえばいいのです。

これをやってしまうと、言い逃れができません。現金の売上は特に気をつけましょう。現金ではなく、預金であれば通帳に履歴が残ります。現金は、履歴が残りません。つまり、ごまかしようがあるということなのです。

一度売上を抜いてしまうと、麻薬のように繰り返してしまいます。「現金売上だからばれない」ということは決してありません。そもそも、ばれるばれない以上にビジネスには倫理感が欠かせません。

②架空経費

税金を払いたくない一心で、架空の経費を作るという話を聞くことがあります。領収書を作ってもらって、払っていない経費を入れてしまいます。ばれた場合に言い逃れはできません。

58 知らないではすまされない！税金のペナルティ

□一気にお金がなくなってしまう！

税金の支払い、つまり納税には必ず期限があります。レンタルＤＶＤを期限までに返さないときに延滞金がかかるのと同様に、税金もその期限までに支払わないと延滞税がかかります。

延滞税の率は原則として年率14・6％です（一定期間は猶予されます）。この低金利の時代、かなり高い率です。

申告の修正で追加納税した場合もペナルティ（罰金）が科されます。納付する税金が足りなかったのですから、納付が遅れたことに対して延滞税がかかるのです。延滞税は、本来納付すべきだった日から追加納税の日までの期間に対して計算されます。ミス・モレに早く気づいて早く納付すればそれだけ延滞税は少なくなります。

期限までに納税するのは当然ですが、もし遅れた場合は、できるだけ早く納税しましょう。

延滞税は、税務上経費にすることができません。経費にできないということはお金だけ出ていってしまうのです。

さらに、延滞税の他に次の2つのペナルティがあります。

①過少申告加算税

「税金を少なく申告したための罰金」で、税率は原則として追加納税額の10％です。100万円だと10万円になります。

②重加算税

税務署が「これは悪質だ」と認識した場合、追加納税額の35％の重加算税を支払わなければいけません。

□税務署も目を光らせている

この**重加算税は、税務署内の査定でポイントアップとなる**ため、税務署員も目を光らせています。ただ、ここは交渉の余地があるところでもあります。脱税をしようと思ってやったわけではなく、ミスや認識違いであれば、重加算税の対象とまではいえません。

59 税金を増やさないために、意味なくやってはいけないこと

□この7つに気をつけよう

ある行為を行うだけで、税金が増える可能性があります。次のような行為は特別な理由がなければやらないようにしましょう。

①資本金を増やす

資本金が1000万円超になると、住民税（都道府県民税、市町村民税）などが増えます。さらに、資本金が1億円超になると、税金上のとり扱いが変わります。主に次のようなものがあります。

・交際費が全額税金の対象になる
・法人税、住民税、事業税などの税率の優遇がなくなります
・外形標準課税という追加納税の必要が出てきます

②役員報酬を期中に上げる

上げた分は経費として認められません（事業年度開始から3カ月以内なら変更可）。

③役員報酬を期中に下げる

業績が大幅に減少したなどの明確な理由がなければ、税金が増える可能性があります。

④役員にボーナスを出す

役員へのボーナスは原則として、経費になりません。

⑤配当をする

配当は経費になりません。結果的に税金が増えます。

⑥800万円以上交際費を使う

資本金が1億円未満でも、交際費が1事業年度で800万円を超えると、そこから先の部分は、1万円につき約4000円の税金がかかります。

⑦無理な節税をする

法律の穴を突くような節税、プライベートの経費を入れる節税などをやると、かえって支払う税金が増える可能性もあります。後々、追加で納税しなければいけなくなったりするからです。今は安全でも、法律が変わるとNGになるものもあります。重々気をつけて下さい。

60 これがオススメ！12の節税策

□節税を考えたら、まずここから！

基本的な節税策をすべてご紹介します。★の数の多いほど、オススメです。

①払っていないものを経費に入れて節税　★★★

まだ払っていないけれど、支払いが確定しており、来期に払うというものはすべて経費にすることができます。例えば、次のようなものがあります。

・翌月払いの一般的な費用
・締め日以降の給料及び通勤手当（20日締めの場合、21日～末日まで）
・会社負担分の社会保険料
・カード払いした経費

②倒産リスクに備えて節税　★★★

取引先の倒産というリスクに備える「経営セーフティ共済」というものがあります。万が一、取引先が倒産した場合、掛金総額の10倍までの借入（最大8000万円）を受けることができる制度です。そのリスクヘッジ機能の他に節税効果もあります。掛け金を年間240万円（月20万円×12）まで支払うことができ、年払いも可能です。掛金総額800万円に達するまで（40カ月）支払えば、解約したときに全額戻ってきます。240万円の経費だと、利益も減るため、支払う税金が72～96万円ほど減ります。ただし、解約した場合には、解約手当金が全額収入として計上される点に注意して下さい。

③設備投資をしたら節税　★★★

一定金額以上の機械、ソフトウェアなどは7％を税金から差し引く（法人税額の20％が限度）か、減価償却の金額を30％増やすことができる可能性があり、一般的には前者のほうが有利です。経営力向上計画による設備投資にも優遇制度があります。

④出張手当で会社も個人も節税　★★★

旅費規程を作って、出張手当を支払えば、経費にすることができます。受けとった個人の収入となりますが、所得税はかかりません。

⑤社宅を借りて節税　★★★

会社名義で住居を契約し、社宅とした場合、ケースにもよりますが、その家賃の20～50％を個人から徴収し、残りを会社の経費にすることができます。

⑥決算期を変更して節税　★★

売上の多い月が決算月の場合、的確な節税策をとることができません。売上及び利益が予測しにくいからです。そういった場合、決算月の変更をオススメします。例えば、3月決算（4／1～3／31）で、3月に多額の利益が発生しそうな場合、決算月を2月に変更し、4／1～2／28で決算を行い、次の期からは2月決算（3／1～2／28）とします。決算月の変更に登記費用はかからず、税務署などへの届出のみです。

⑦給与を増やして節税　★★

「所得拡大促進税制」により、従業員への給与を前年度よりも増やした場合、節税になります。平成29年4月以降に開始する事業年度の場合、節税額は、前年度からの増加額の22％です。平成30年4月以降に開始する事業年度は、原則として前年度からの給与増加額の15％が差し引かれ、さらに要件を満たせば、前年度からの給与増加額の10％が上乗せされ、合わせて25％が差し引かれます。ただし、法人税額の20％が限度です。

また、特定の地域で、従業員を2人以上かつ10％以上増やした場合、1人あたり40万円が差し引かれる「雇用促進税制」があります。

⑧回収できない債権を処分して節税　★★

売掛金でどうしても回収できないものがあれば、内容証明を出すといった一定の手続きをすれば、その債権の全額を経費にすることができます。いわゆる「貸倒れ」です。お金の面からは好ましいことではありませんが、適正な財政状態を把握するためにも、不良債権は処分しましょう。なお一定の場合は、債権の50％を貸倒引当金として計上できます。

⑨前倒しで買って節税　★★

購入したいものがあれば、前倒しで購入しましょう。ただし、30万円超のものは全額が経費にならないことに気をつけて下さい。切手や事務用品も、通常使う分であれば経費に落とせますが、決算間近にどっさり買ったりすると、却下される可能性が高くなります。

また、前払いしても当期の分しか経費になりません。例えば、3月決算で12月に支払った場合、12〜3月までの4カ月分が経費です。ただし、「生命保険料」と「家賃」については、契約に基づき、年払いをすることができます。しかし、節税のためにこういったものを年払いすると、次の期で支払いが厳しくなります。今期だけではなく、来期以降も支払うことを念頭に契約しましょう。

⑩退職金を出して節税　★★

社長自身に退職金を出して、節税することもできます。退職金の金額は退職金規程に定める必要があります。「退職時の報酬月額×在籍年数×3」とすることが多いです。

法律で、この金額と定まっているわけではありませんが、過去の判例や事例ではこれが1つの目安となっています。例えば、退職時に報酬月額100万円もらっていて、20年勤務していれば、「100万円×20年×3＝6000万円」の退職金をもらうことができます。さらに退職金は個人の所得税や住民税で優遇されています。この場合、6000万円に対する税金（所得税＋住民税）は約1000万円です。仮に、この6000万円を給与で受けとると、税金は約3000万円かかります。1000万円ずつ6年に分けたとしても、トータルでかかる税金は約2600万円です。いかに退職金が優遇されているかわかるでしょう。法律改正により、今は5年に満たない在籍年数の場合はこの優遇がないことに注意して下さい。会社にお金がないと退職金を支払うことができません。退職金の原資として、生命保険や小規模企業共済（月7万円までかけることができ、個人の税金がその分安くなります）を活用する方法があります。

⑪生命保険に入って節税　★

会社名義で生命保険に入ると、その半額を経費にできる場合があります。万が一のときがあれば、会社に保険金が入ってきますので、そのときには税金がかかる点に気をつけて下さい。この施策は絶対的な節税ではなく、税金を支払うタイミングを先延ばしにするだけなのです。とはいえ、有効な保険も多いので検討の余地はあります。くれぐれも節税目的で加入しないようにして下さい。

⑫別会社を作って節税　★

法人税は所得が800万円を超えると税率が上がります。消費税は一定規模以下であれば2年間免税となります。別会社を設立すれば、これらの恩恵を受けることができるのです。しかし、管理は複雑になりますし、コストも増えますので、慎重に検討しましょう。

迷ったらこれ！　オススメ節税策12

オススメ度★★★　⇨（必ずやりましょう）

支払いが確定しているものを経費に入れる
「経営セーフティ共済」を活用する
設備投資をして節税
出張手当を活用する
社宅制度を活用する

オススメ度★★☆　⇨（条件を満たせばやりましょう）

決算期を変更する
給与を増やす
回収できない債権を処分する
前倒しで備品を買う
自分（社長）に退職金を払う

オススメ度★☆☆　⇨（デメリットはありますが、検討の余地はあります）

会社で生命保険に入る
別会社を作る

61 「車を買って節税！」、そのときのコツ

□節税ポイントは3つある

「お金が余ったから、車を買って、節税できないかな？」という質問もよくお受けします。税金面で気をつけなければいけないことを3つお教えします。

①減価償却費は月割り

減価償却費は月割りです。決算月に車を買っても、1カ月分しか経費にできません。新品で600万円の車を買った場合、1年目に経費に計上できるのは約200万円です。これは12カ月分を経費に入れた場合ですので、1カ月分だと約16万円だけです。

□手続き費用は経費になる

②経費に落とせるものもある

車を買った場合、さまざまな経費がかかります。このうち自動車取得税、自動車税など

の税金や自賠責保険料といった手続き費用は経費にすることができます。

③中古で買った場合は経費を多くできる

車は減価償却のルール上、通常6年で経費にします。ただし、これは新品で買った場合のことです。中古で買った場合は、その後使用できる期間も短いと考えられることから、買った時期に応じて、「経費にできる金額」が増えます。

□ベンツを中古で買ったほうがいい理由

例えば、「2年落ち600万円の車」は4年で経費にしますので、1年目なら最大300万円を経費にすることができます。決算月1カ月分なら25万円です。

さらに4年落ちならば、1年で約600万円、決算月1カ月分でも50万円を経費にできます。経費になるからといって中古を選ぶわけではありませんが、頭の隅にいれておいて下さい。

「ベンツは中古で買ったほうがいい」とよくいわれますが、こうした優遇措置があるからです。ちなみに、「車種がベンツである」「4ドアである」といったことにかかわらず**「会社の車として使用していること」が経費にする条件**であることを忘れないようにして下さい。

62
福利厚生を活用して節税する方法

□従業員満足＋節税。一石二鳥の対策

福利厚生に関する経費は、従業員満足度を高めつつ、節税もできますのでぜひ活用しましょう。会社の福利厚生規程によって決められていることが必要です。勤続年数、役職によって金額を変えることもできます。

①決算賞与：決算月に利益に応じてボーナスを払います（金額、支給日等を通知すれば、翌月に支払ってもかまいませんが、特に理由がなければ、決算月に払ってしまいましょう）

②慶弔見舞金

③結婚祝い金

④出産祝い金

⑤永年勤続表彰：おおむね5年の間を置いて下さい。また、現金の支給は所得税課税されますので、記念品や旅行券にしましょう。

⑥**創業記念品**：品物の処分見込み額が1万円以下に限ります。また、創業後、5年くらいの間を置いて下さい

⑦**旅行**：いくつか条件があります。「役員のみの旅行はNG」「欠席者に金銭支給してはいけない」「旅行期間は4泊5日以内」「従業員の参加割合が50％以上」などです。

⑧**サークル活動**：全社員を対象にしなければいけません

⑨**健康診断（人間ドック）**：全社員を対象にしなければいけません

⑩**残業食**：残業にともなう食事は、実費で支給する限り経費となります。しかし、現金の場合は給与として課税されます。通常の打ち合わせは会議費扱いです。

⑪**退職金の準備**：中小企業退職金共済に代表される制度、または生命保険を利用して、従業員の退職金を準備できます。掛け金のすべてまたは半額が経費となります。

⑫**研修・セミナー・書籍代**：業務遂行上必要な場合、経費になります。会社からセミナーや書籍を指定するよりも、月の予算を決めて社員に選んでもらうようにすると、満足度・習得度も上がります。習得したことを社内で共有する流れを作るのもいいでしょう。

⑬**社宅**：会社名義で社宅として契約し、社員に住んでもらいます。所得税、社会保険料の削減にもつながります。

63

お金を会社に残す？ それとも個人に残す？

□年間1200万円までなら、個人がおトク

会社と個人、お金はどちらに残せばいいのでしょうか。税金面から考えてみましょう。会社のお金と個人のお金をできる限り多く残すには、「会社で払う税金」と「個人で払う税金」をできる限り少なくすることが欠かせません。

給料を支払えば、会社にとっては経費、個人にとっては収入になります。会社の税金と個人の税金は計算方法やしくみが異なるため、それをうまく利用すれば、会社と個人の税金を最小にできます。

会社は、所得に対しておおむね25～40％の税金がかかります。

個人は、所得に対しておおむね15～50％という税率です。しかも給料に関する税金は、手厚く優遇されています。

例えば給料が1000万円の場合、1000万円に税金がかかるわけではなく、426

万円の経費が引けます（扶養親族1人の場合）。その内訳は次のようになります。

・誰でも引ける控除（基礎控除）38万円
・健康保険、厚生年金など（社会保険料控除）約130万円
・配偶者に対する控除（配偶者控除）38万円
・給料から引ける経費（給与所得控除）220万円

最後の**「給料から引ける経費」が非常に大きい**です。会社や個人事業の場合、実際に使った（発生した）ものしか経費にすることができません。この給料から引ける経費は、使っていなくても無条件に計上できます。個人でも、スーツや書籍、飲食などある程度の経費がかかるため、その手当として考えられている制度です（※平成25年1月より、年間1500万円以上の給料の場合、経費の金額は245万円が限度となりました）。

以上の経費と税率の違いから、ある一定の金額までは個人に給料を支払ったほうが有利ですが、どこかで会社が有利となる分岐点があるはずです。

おおむね年間1200万円、月100万円くらいまでは、社長個人に給料を支払ったほうが全体の税金は少なくなると考えて下さい。

第6章

「お金の流れがざっくりわかるシート」を使ってみよう！

64

「お金の流れがざっくりわかるシート」の3つのメリット

□「お金・会計・税金」が一瞬でつかめる

ここまでお読みいただきまして、ありがとうございます。「会社の数字とお金の流れ」を、つかんでいただけたかと思います。

本書の締めくくりとして、**経営判断に必要な「お金・会計・税金」が一瞬でつかめるシート**の使い方をご紹介いたします。巻頭に付録としておつけしてありますが、234ページにも載せてあります。ご確認下さい。

お客さまにもオススメしているこの1枚シートは、ごくごくシンプルなものです（実際は会社ごとに、さらに詳細なものをExcelで作っています）。作成に必要な資料は、最新のB／SとP／Lだけです。可能であれば、今期だけでなく、前期分もご用意下さい。

そもそもこのシートを作ったのは、試算表（B／SとP／L）に次のような欠点があったからです。

①B／SとP／Lが別々、さらに複数枚になっていて、両者のつながりが理解しにくい
②数字の比較がしにくい
③お金・税金の観点がない
こうした問題を解決できないかと悩んだ末に完成したのが、このシートです。経営判断に必要な「お金・会計・税金」がつかめるようになります。

□この1枚シートで得られるもの

この1枚シートのメリットは次の3つです。
①会社の数字の流れが見える
②税金を概算し、使ってもいいお金がわかる
③前期の数値を入れれば比較することもでき、会社の問題点を把握できる
この1枚シートは、大まかに会社の数字（お金・会計・税金）の流れを見るものなので、気になったところは詳細を確認しましょう。シートに記入する数値は、千円単位、万円単位でかまいません。桁の大きいものから、3桁ほどを記入すれば大丈夫です。

巻頭の1枚シートをコピーして下さい。

では236ページから、実際のB／SとP／Lを見ながら数字を入れていきます（シートの数字の単位は万円単位です）。シートの使い方をぜひマスターして下さい。

「お金の流れがざっくりわかるシート」

お金

前月❶	当月❷	差額❸ （❷－❶）	借入の増減 ❹	営業キャッシュフロー❺ （❸－❹）

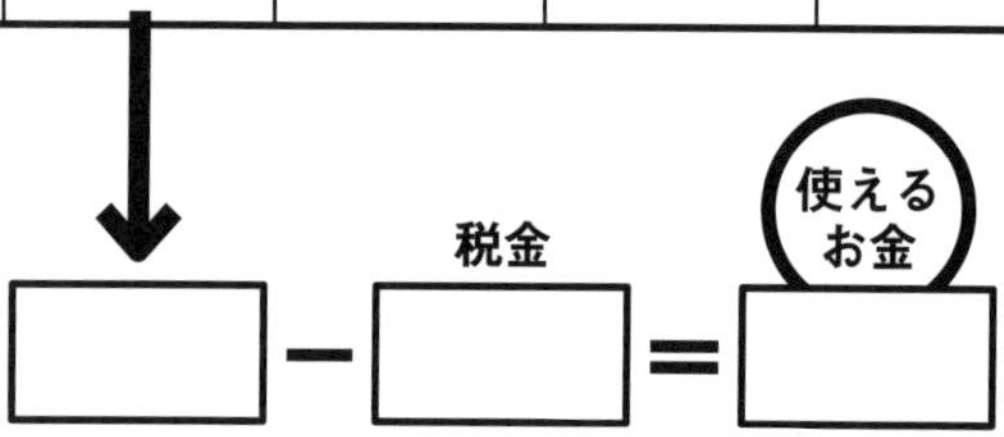

税金

法人税など	税引前当期純利益×税率（※）
消費税	仮受消費税－仮払消費税
合計	

※税率
・～1,000万：30%
・～2,000万：35%
・3,000万～：40%

会計

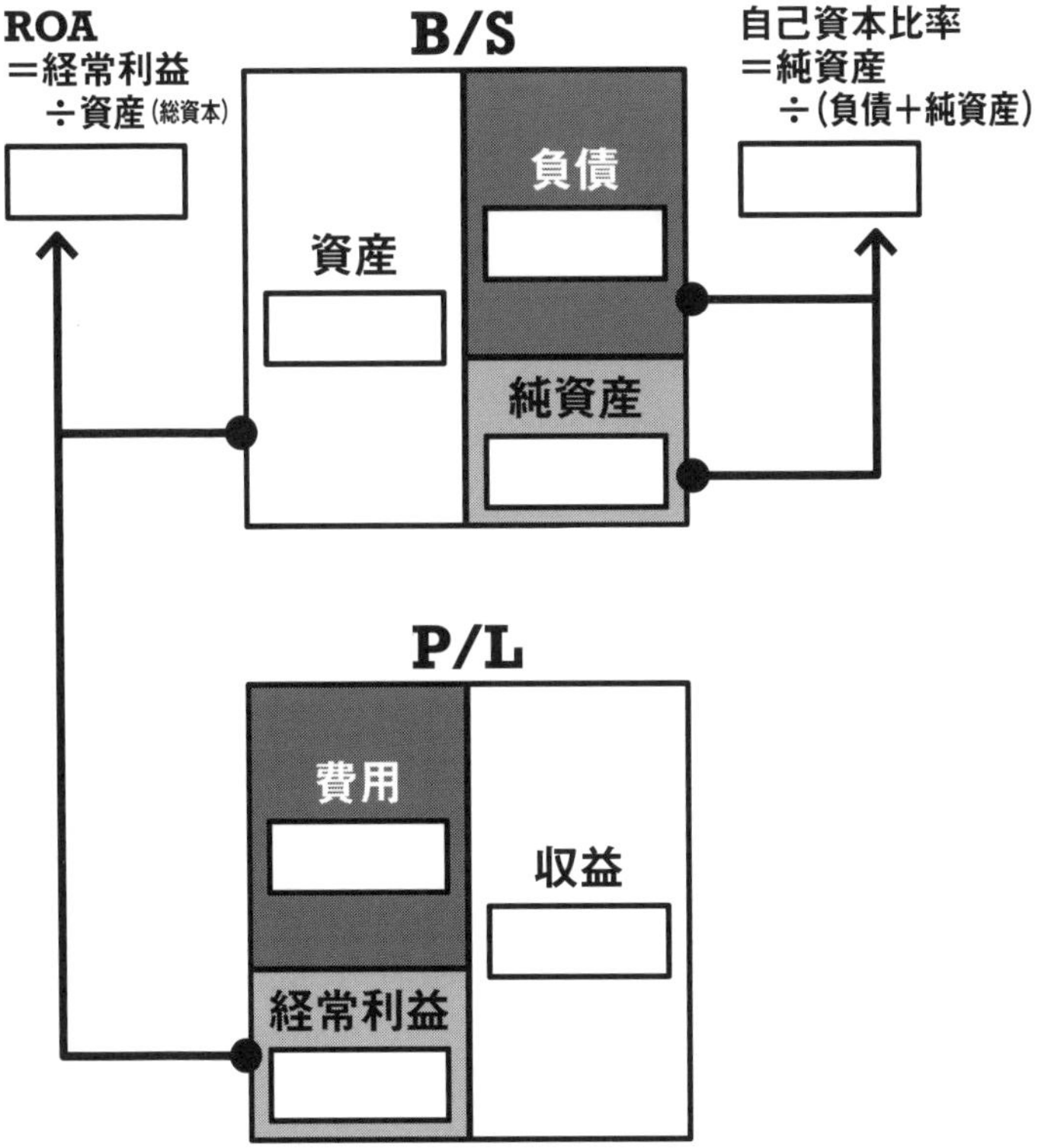

次ページから、
実際のB/S、P/Lの数値を入れていこう！

「お金の流れがざっくりわかるシート」に記入してみよう［1］

会社AのB/S

	前月残	借方	貸方	当月残	
現金	100,239	38,191	31,103	107,327	
普通預金	3,504,931	6,508,192	3,518,311	6,494,812	
現金・預金小計 ❶	3,605,170			6,602,139	❷
売掛金	5,793,969	4,235,937	3,028,728	7,001,178	
商品	580,000	655,168	747,640	487,528	
仮払金	3,022	5,990	5,912	3,100	
立替金	7,768	7,327	7,498	7,597	
仮払消費税等	1,053,294	105,864	0	1,159,158	
流動資産 計	11,043,223	5,010,286	4,189,778	15,260,700	
建物	7,621,194			7,621,194	
工具器具備品	947,705			947,705	
車両運搬具	2,861,830			2,861,830	
有形固定資産 計	11,430,729	9,660,904	0	11,430,729	
敷金	6,000,000	0	0	6,000,000	
長期前払費用	337,932	0	0	943,102	
投資その他の資産 計	6,337,932	0	0	6,943,102	
固定資産 計	17,768,661	9,660,904	0	18,373,831	
資産合計	28,811,884	14,671,190	4,189,778	33,634,531	
買掛金	6,926,036	1,182,226	2,322,373	8,066,183	
未払金	96,448	111,112	480,420	465,756	
未払費用	1,117,062	1,125,733	1,289,649	1,280,978	
短期借入金	3,000,000	0	0	3,000,000	❹
仮受消費税	2,319,516	0	314,143	2,633,659	❹
預り金	1,231,076	1,115,002	1,078,594	1,194,668	❹
流動負債計	14,690,138	11,287,103	8,085,179	16,641,244	❹
長期借入金	500,000	100,000	2,000,000	2,400,000	❹
固定負債計	500,000	100,000	2,000,000	2,400,000	
負債 計	15,190,138	11,387,103	8,085,179	19,041,244	
資本金	10,000,000	0	0	10,000,000	
利益剰余金	3,621,746	0	971,541	4,593,287	
純資産 計	13,621,746	0	971,541	14,593,287	
負債・純資産合計	28,811,884	11,387,103	9,455,450	33,634,531	

B/Sからお金の数値を入力する

B/Sの現金・預金計で、前月の残高❶と当月の残高❷を入力しましょう。

❶と❷の差額を❸に入れます。そして、前月から当月にお金が増えているかを確認しましょう。借入金がない場合は、これで完了です。

前月❶	当月❷	差額❸ (❷−❶)	借入の増減 ❹	営業キャッシュフロー❺ (❸−❹)
360	660	300	190	110

借入金がある場合は、お金の増減のうち、純粋に営業活動で増減した金額を計算します。長期借入金の増減が240−50なので、190を入れます。短期借入金は増減なしなので、計算しません。

❸から❹を引いたものを❺に記入します。これが簡易的に計算した営業キャッシュフローです。この数値をできるだけ大きくするようにして下さい。本業で稼いだお金を意味します。

「お金の流れがざっくりわかるシート」に記入してみよう［2］

会社AのP/L

	前月残	借方	貸方	当月残
売上高	46,390,317		5,482,864	51,873,181
期首商品棚卸高	690,036	747,640		1,437,676
仕入高	19,030,031	1,101,996		20,132,027
期末商品棚卸高	947,704		655,168	1,602,872
売上原価	18,772,363	1,849,636		20,621,999
売上総利益	27,617,954		3,633,228	31,251,182
役員報酬	2,000,000	1,000,000	0	3,000,000
給与手当	18,873,751	1,087,274	0	19,961,025
賞与	0	0	0	0
法定福利費	2,212,155	250,473	0	2,462,628
旅費交通費	784,404	534,267	0	1,318,671
地代家賃	900,000	150,000	0	1,050,000
消耗品費	93,056	81,879	0	174,935
接待交際費	137,109	145,050	0	282,159
租税公課	39,001	23,584	0	62,585
保険料	16,899	12,624	0	29,523
支払手数料	65,376	67,885	0	133,261
販売費一般管理費 計	25,121,751	3,353,036	0	28,474,787
営業利益	2,496,203		280,192	2,776,395
受取利息	0	0	1,035	1,035
雑収入	0	0	800,000	800,000
営業外収益 計	0	0	801,035	801,035
支払利息	154,391	109,686		264,077
営業外費用 計	154,391	109,686	0	264,077
経常利益	2,341,812		971,541	3,313,353
固定資産売却益	0	0	0	0
特別利益 計	0	0	0	0
固定資産売却損	0	0	0	0
特別損失 計	0	0	0	0
税引前当期純利益	2,341,812	0	971,541	3,313,353
法人税、住民税及び事業税	0	0	0	0
当期純利益	2,341,812	0	971,541	3,313,353

B/S、P/Lから数値を入力する

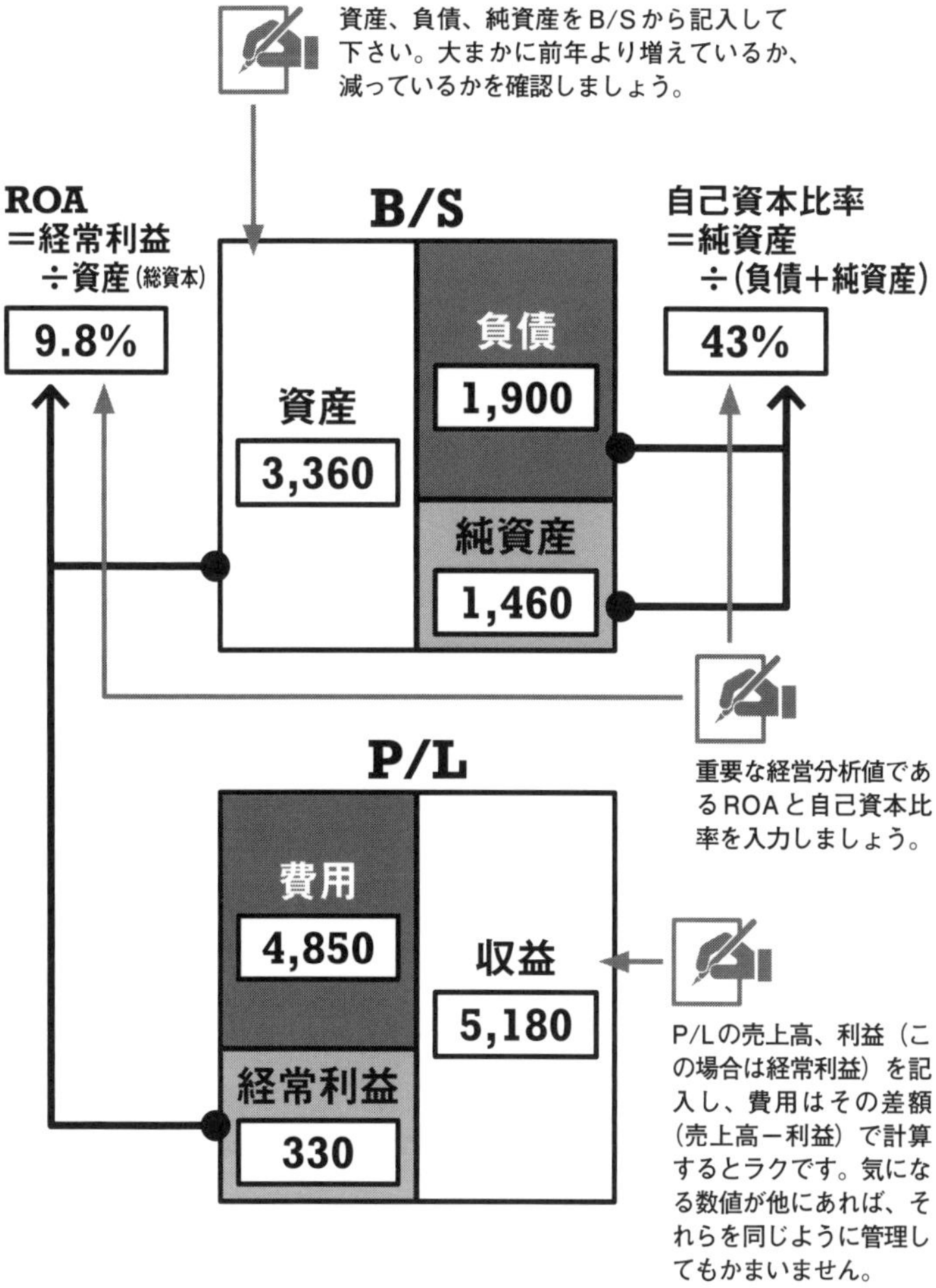
資産、負債、純資産をB/Sから記入して下さい。大まかに前年より増えているか、減っているかを確認しましょう。
ROA
＝経常利益
÷資産（総資本）
9.8%
B/S
資産
3,360
負債
1,900
純資産
1,460
自己資本比率
＝純資産
÷（負債＋純資産）
43%
重要な経営分析値であるROAと自己資本比率を入力しましょう。
P/L
費用
4,850
経常利益
330
収益
5,180
P/Lの売上高、利益（この場合は経常利益）を記入し、費用はその差額（売上高ー利益）で計算するとラクです。気になる数値が他にあれば、それらを同じように管理してもかまいません。

税金の計算をしよう

法人税、住民税、事業税などを計算します。税引前当期純利益に税率をかけて下さい。税率は、所得に応じたものを使います。事例では330に30%をかけています。99万円となりますが、概算で100と入れます。

法人税など	税引前当期純利益×税率(※) 100
消費税	仮受消費税－仮払消費税 150
合計	250

※税率
- ・～1,400万：30%
- ・～4,000万：35%
- ・4,000万～：40%

B/Sの仮受消費税から仮払消費税を引いた金額を記入して下さい。仮受消費税・仮払消費税が見当たらない場合、(営業利益＋人件費＋保険料＋租税公課)×消費税率で概算できます。

法人税など、消費税を計算したら、それらを合計して下さい。

これで「使えるお金」がわかった！

前月❶	当月❷	差額❸ （❷－❶）	借入の増減❹	営業キャッシュフロー❺ （❸－❹）
360	660	300	190	110

使えるお金

660 － 税金 250 ＝ 410

法人税など	100
消費税	150
合計	250

この結果、税金を差し引いた「使えるお金」が計算できます。常に税金と使えるお金を意識しておきましょう。

□前期の数字を入れて、比較してみよう

いかがでしょうか。シートの使い方はつかめましたか。このチュートリアルでは、1期分の数値しか入れませんでしたが、3期分くらいの数値を入れると比較ができて、より深い経営分析ができます。

□この6つのポイントに注目!

このシートを使う上で、特に見ていただきたいのは、次の6つのポイントです。もし異常値があれば、その原因究明に乗り出しましょう。

①お金が増えているか?
②営業キャッシュフローが増えているか?
③利益が増えていても、営業キャッシュフローが減っていないか?
④費用が大幅に増えていないか?
⑤使えるお金はちゃんとあるか?
⑥自分の感覚と数字があっているか?

65 会社を守るための「10の数字」

□すべての経営者が知っておくべきこと

先ほどご紹介した「お金の流れがざっくりわかるシート」を使えば、次の10の数字が把握できます。

会社を守るためにも、経営者として、即答できるようにしておいて下さい。

①現在のお金

現金や預金が、どれくらい会社にあるか

②お金がいくら増えたか

前月からお金が増えているか、減っているか。また、どれくらい増減しているか

③営業キャッシュ・フロー（経常収支）

本来の営業活動でどれくらいお金が増えているか

④毎月の経費

毎月いくらの経費を使っているか

⑤売上高（累計）

累計でどれくらいの売上高があったか

⑥経常利益

毎月、どれくらいの経常利益が出ているか（このシートにはありませんが、粗利（売上総利益）にも目を向けて下さい）

⑦ROA

効率のよい経営ができているかどうか

⑧自己資本比率

安定した経営ができているかどうか

⑨税金

現時点で、どれくらいの税金を払わなければいけないか

⑩使えるお金

税金を差し引いて、どれくらいのお金を使ってもよいのか

これらの10の数字を理解しつつ、プラスアルファで次の数字も把握しておいて下さい。

即答できるようにしたい10の数字

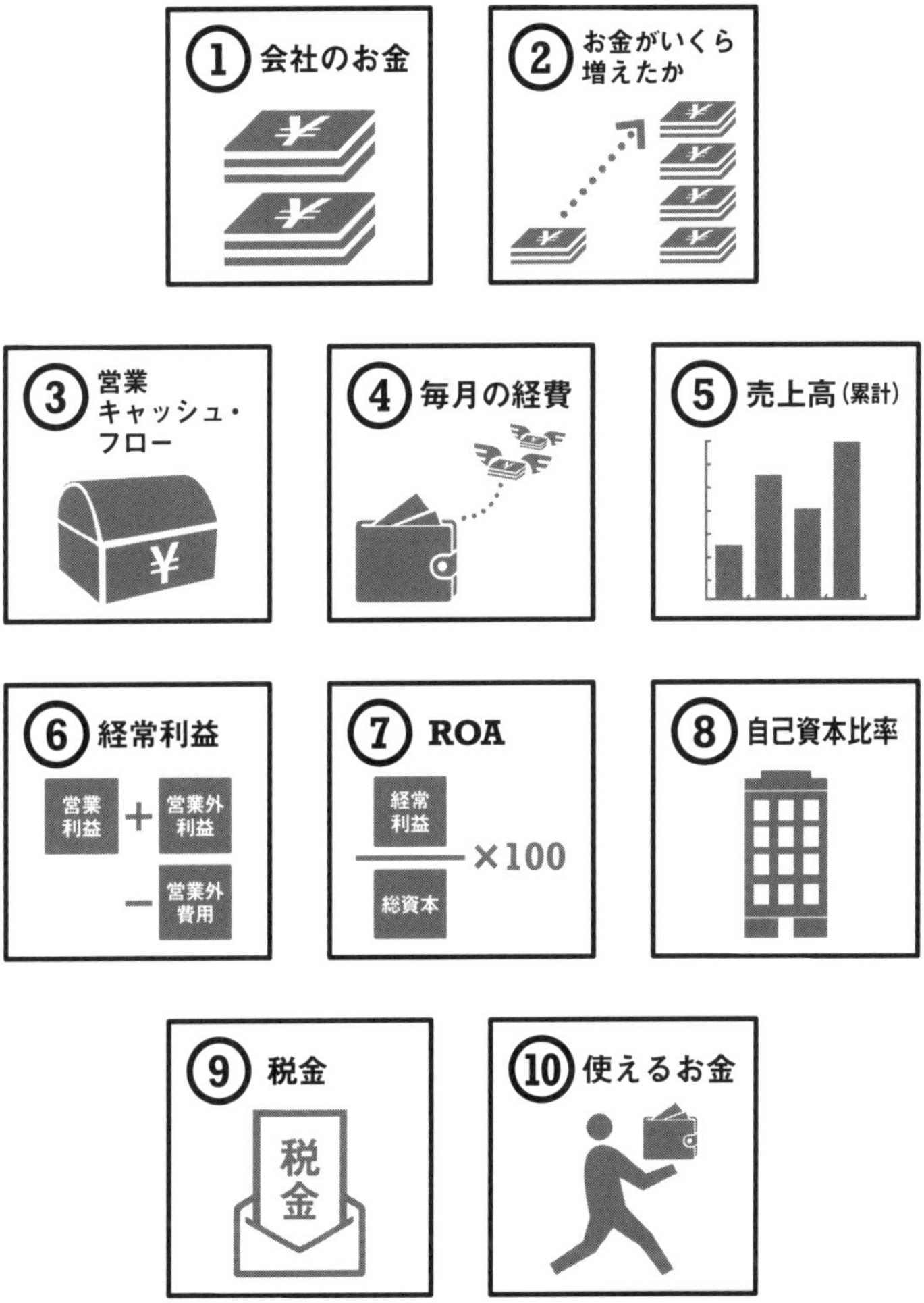

・固定費（売上に関係なくかかる経費）
・労働分配率
・移動年計
・決算予測（決算時の予測）
・納税予測
・資金繰り予測

□さらなるレベルアップを目指そう！

本書で数字の基本をつかんだら、ぜひ、その先を目指して下さい。経理担当者や税理士事務所にも質問しやすくなりますし、一般の書籍や雑誌、ニュースでとり上げられている数字の話題にも興味が持てるでしょう。経理の知識を深め、皆さまの経営にお役立ていただければ幸いです。

おわりに

すべての経営者に
お願いしたい3つのこと

本書を最後までお読みいただき、ありがとうございました！
「経理（経営管理）の重要性を伝えるにはどうすればいいのか」。私が日々考え続けてきた成果が、本書です。

□20代、空まわりの日々が続く

今思うと、私が20代で税理士業界に入ったころは、変に力が入りすぎていました。

「社長に数字のことをわかってもらおう」
「自分の専門分野を披露しよう」

と思いつつ、小難しい話ばかりをしてしまっていたのです。
一生懸命説明しても、なぜか社長はうわの空。「そんな細かいところまで見なくていいよ」と言われたこともあります。

どうすればいいか迷いましたが、誰にも相談できません。勤めていた税理士事務所の誰もが同じような仕事をやっていたからです。そのころは資料を預かって、数カ月後に試算表を郵送するという仕事がメインでした。

「過去の数字だけを追いかけて意味があるのだろうか」と非常に不思議でしたし、私自身も説明することに躊躇があったのです。

□本当に必要な数字は、経営者にしかわからない

「絶対におかしい！　少なくとも社長には喜んでもらえていない」。

そう考えて、私がやったのは社長に教えていただくことでした。それ以来、「どんな数字が欲しいか、何を見たいか、どんな疑問点があるか」を必ず聞くようにしています。

本当に必要な数字は、経営者である社長にしかわかりません。業種も多様化し、今までにないビジネスモデルも生まれてきています。「会社ごと」「社長ごと」に必要な数字も異なってくるはずです。

こちらからご提案する数字（移動年計や経営分析値など）もありましたが、本書の決算予測、納税予測などは社長から教えていただきました。

「勘定科目がわかりにくい」という視点も、ある社長からのご指摘がなければ、未だに気づかなかったかもしれません。現場で陣頭指揮をとっている社長の感覚は非常にすばらしいものがあります。

□社長と経理担当者（税理士）がしっかり協力する

経理は、社長と経理担当者（または税理士）が協力して行う仕事だと考えています。どちらが欠けても本来の経理にはなりません。

例えば以下のような状況では、１００％の力を発揮できないでしょう。

社長「数字の正しさよりも、月次決算のスピードアップを！」

経理「１円単位の数字の正しさにこだわりたい」

いくら手間をかけて資料を作っても、社長に使っていただかなければ意味がありません。このあたりはケースバイケースではありますが、しっかりした協力体制を作りましょう。

サブプライム危機のときに、大きく売上が減少した会社があります。しかしその後、V字回復を果たし、過去50年以上の歴史の中で最高益を達成しました。その社長は経理体制を整え、ずっと先の数字を見ていらっしゃいましたので、サブプライム以前も、「固定費はどのくらいか」を厳しくチェックされていたのです。大きく業績を落としても会社が継続したのは、資金繰りと固定費を常日ごろから意識されていたからでしょう。

□すべての経営者にお願いしたい3つのこと

最後に、経営者の皆さまへお願いしたいことが3つあります。

①自社の数字を教材にして下さい

本書にも書きましたが、決算書の本をいくら読んでも数字には強くなりません。自分ごとではないからです。社長には、すばらしい教材がお手元にあります。

それは、自社の数字です。

経営者である皆さまご自身の方針、決定が反映された貴重なデータを活かさない手はありません。本書の内容を参考に、自社の数字について日々学びを重ねていけば、数字は必ず理解できます。

②経理に手間をかけないで下さい

経理業務は数年前と比べても大きく変わってきています。PCやExcel、インターネットを活用すれば、考えられないほど効率化できることもあるのです。経理業務には手間をかけず、効率化することを目指して下さい。ご自身で経理をされている社長はなおさらです。一刻も早く解決し、経営に専念して下さい。

③経理改善へご協力をお願いします

今は税理士として、Excelやマクロを使った業務改善をご提案し、とり入れていただいておりますので、非常にありがたい状況です。

□経理担当者の話を聞いてあげて下さい

しかし、「経理担当者の立場」では非常に難しいものでした。一時期、私は経理担当者だったことがありますが、そのときに痛感したのは、経理担当者の立場の低さです。

税理士だと「外部のプロ」ということで耳を傾けていただけます。しかし同じ会社でも、経理担当者の声が経営者に届くことはまれです。経理の改善、すなわち経理の力をより経営に活かすには、まず会社（社長）がそうした土壌を作る必要があります。

ぜひ、経理担当者や税理士事務所の方に声をかけていただき、「会社の経理で無駄なことはないか」「何を行えばいいか」を一度聞いてみて下さい。

社長自らが決定することで、御社の経理は劇的に改善します。もし機会があれば、私が行っている経理効率化のセミナーにお越し下さい。

昔の私が今回のテーマで本を書いたら、もっと堅苦しいものになっていたに違いありません。本書の内容は、かつて勤めていた税理士事務所のときに担当させていただいたお客さま、そして今ご契約いただいているお客さま、税務相談を申し込んでいただいたお客さまから教わったことです。

この場をお借りして御礼申し上げます。わかりやすく解説する力、経営に役立つ経理を提供できるようさらに努力していきます。

そして、ブログをきっかけにお声がけいただき、編集を担当していただいたダイヤモンド社の中村さん。2012年6月にお話をいただき、すでに夏にトライアスロンのレースを山ほど入れてしまっていて、執筆が遅れて申し訳ありません。

ありがとうございました。

2013年2月

井ノ上　陽一

本書のおさらい！
セルフチェックシート

各項目に対して、
YESなら□にチェックをつけて下さい

- □ 経理のことは、プロに任せておけば大丈夫
- □ 会社の数字は時間をかけて正確に出すべきだ
- □ 税金を計算するために経理は存在する
- □ 経理担当者は簿記を勉強しているから、資金繰りにも詳しい
- □ 経理担当者の人数は多ければ多いほど望ましい
- □ 会社を守るため、お金を払ってでも節税すべきだ
- □ 利用したお店が領収書を出してくれれば、経費として認められたということである
- □ 決算間近で税金を減らすには車を買えばいい
- □ 会社の数字を見て違和感があっても、プロの仕事に口を出してはいけない
- □ **B/S**（貸借対照表）は、プロが見るための数字だからわからなくてもいい

●チェックの数が0～5 ⇨	本書の内容をしっかり理解されています
●チェックの数が5～10 ⇨	かなり理解されていますが、 該当箇所をもう一度お読み下さい
●チェックの数が11～20 ⇨	本書を最初からもう一度お読み下さい。 日ごろの疑問も解消し、 知識を身につけることができます

- □ 社長は、年に1回、決算書だけ読めればいい
- □ B/SとP/Lは別々の資料なので、関連性はない
- □ 負債は会社にとって毒。可能な限り減らすべき
- □ P/Lで最も重視すべきなのは、当期純利益である
- □ 勘定科目は法律で定められているので、我慢して覚える必要がある
- □ 売掛金と在庫は、将来お金になるものだから多ければ多いほどいい
- □ 利益が出ていれば税金は払えるので、心配しなくていい
- □ 在庫に税金がかかるので決算時には減らすべきである
- □ 支払ったお金はすべて経費となるので、どんどん払おう
- □ 借入金を返済すればするほど、税金が減るので早期返済を心がけよう

［著者］

井ノ上陽一（いのうえ・よういち）

1972年大阪府生まれ。宮崎県育ち。

「経理業務の効率化」「会計とITの融合」を得意とする税理士。

大学卒業後、総務省統計局に勤務し、数字の分析手法とITスキルを学ぶ。しかし、「独立して、数字とITで社会貢献したい」という思いから、税理士受験に挑戦。見事合格し、税理士資格を取得。2007年に独立を果たす。

モットーは、経営判断に必要な「お金・会計・税金」を３点セットでわかりやすく伝えること。ITスキルを駆使した図解化や業務効率化を得意とし、あるクライアントでは、Excelによる業務管理システムの導入とペーパレス化の推進により、年間240時間分の業務を削減した。

税理士業務に加えて、セミナー・執筆などを通じて、「数字」「お金」「時間」「IT」に関する悩みを解決し、新しいワークスタイルを提案している。

著書に『新版 ひとり社長の経理の基本』（ダイヤモンド社）、『そのまま使える経理&会計のためのExcel入門』（日本実業出版社）などがある。

日課は、１日１冊以上のペースでの読書、10年以上連続更新しているブログ&メルマガ『税理士進化論』の執筆。

●ブログ「EX-IT」　https://www.ex-it-blog.com/
●HP　https://www.inouezeirishi.com

社長！「経理」がわからないと、あなたの会社潰れますよ！

2013年２月15日　第１刷発行
2020年10月１日　第10刷発行

著　者――――井ノ上陽一
発行所――――ダイヤモンド社
〒150-8409　東京都渋谷区神宮前6-12-17
https://www.diamond.co.jp/
電話／03･5778･7233（編集）　03･5778･7240（販売）
装丁――――――吉村朋子
本文デザイン･DTP――斎藤 充（クロロス）
製作進行――――ダイヤモンド・グラフィック社
印刷――――――八光印刷（本文）・新藤慶昌堂（カバー）
製本――――――本間製本
編集担当――――中村明博

ISBN 978-4-478-02236-8